新时代乡村建设工匠培训教材

乡村建设带头工匠培训教材

厉　兴　宣国年　主编

中国建筑工业出版社

图书在版编目（CIP）数据

乡村建设带头工匠培训教材/厉兴，宣国年主编
. — 北京：中国建筑工业出版社，2023.11
新时代乡村建设工匠培训教材
ISBN 978-7-112-29299-8

Ⅰ.①乡… Ⅱ.①厉… ②宣… Ⅲ.①农村建设-人
才培养-中国-教材 Ⅳ.①F323.6

中国国家版本馆 CIP 数据核字（2023）第 208153 号

本书作为乡村建设带头工匠培训教材，其内容紧扣带头工匠工作职责，重点突出带头工匠管理职能，同时兼顾带头工匠的实际工作需要。全文简要介绍乡村建筑基本构造、常用建筑材料、工程识图、施工技术要点，重点阐述乡村施工合同管理、施工组织、施工质量控制、施工成本控制、施工安全管理、组织协调，特别增加工匠诚信体系建设、建筑面积测量、工程索赔、施工纠纷解决等实用知识。本书可作为乡村工匠培训教材推广使用。

责任编辑：李　慧
责任校对：姜小莲

新时代乡村建设工匠培训教材
乡村建设带头工匠培训教材
厉　兴　宣国年　主编
*
中国建筑工业出版社出版、发行（北京海淀三里河路 9 号）
各地新华书店、建筑书店经销
北京鸿文瀚海文化传媒有限公司制版
天津安泰印刷有限公司印刷
*
开本：787 毫米×1092 毫米　1/16　印张：11　字数：268 千字
2024 年 5 月第一版　2024 年 5 月第一次印刷
定价：**49.00** 元
ISBN 978-7-112-29299-8
（41976）

前　　言

为更好地服务乡村建设，提升乡村建设带头工匠的职业技能水平，根据乡村建设工匠职业大典和乡村建设带头工匠职业定位，我们组织专家编写了这本《乡村建设带头工匠培训教材》。

在编写过程中，力求内容范围紧扣带头工匠工作职责，力求内容表达通俗易懂、图文并茂，既能贴近带头工匠的工作实际，又能满足不同区域的客观现实，同时能包容农民自建房和农村小额工程项目。本教材旨在提升带头工匠的管理技能水平，确保施工质量和施工安全底线。

本教材以乡村建筑基本构造、常用建筑材料、工程识图、施工技术要点为基础知识，重点阐述乡村施工合同管理、施工组织、施工质量控制、施工成本控制、施工安全管理、施工组织协调等管理知识，特别增加了工匠诚信体系建设、建筑面积测量、工程索赔、施工纠纷调解等实用知识。

本教材第一章由厉兴、施金标、蒋建峰、宣奇辰编写，第二章由洪建德、王影影编写，第三章由洪媛编写，第四章由李晓、洪建德、王影影编写，第五章由王梁英、周银芬、杨勇、沈佳燕、邓陈艳、李钰婷编写，第六章由徐康、任玲华编写，第七章由徐滨编写，第八章由廖力臻编写，第九章由徐康、黄奕、陈君编写，第十章由许标正编写，第十一章由徐康、来淑娜编写。全文由宣国年统稿，厉兴审核。

在教材的编写过程中，得到了浙江省住房和城乡建设厅村镇建设处的悉心指导，得到了浙江省村镇建设研究会、杭州市富阳区住房和城乡建设局、诸暨市住房和城乡建设局、浙江建科建筑设计院有限公司、浙江建设职业技术学院、浙江建设技师学院、金华建设技工学校、绍兴职业技术学院、浙江建设职业技能培训学校、杭州市市政工程集团有限公司、杭州市城乡建设管理服务中心、灵汇技术股份有限公司、浙江博策工程项目管理有限公司等单位的大力支持，在此一并表示感谢。

由于编写时间紧促，涉及面大，很多内容又无参考，难免存在不妥或疏漏之处，热诚欢迎广大读者提出批评和修改意见。

编写组

2024 年 4 月

目　　录

第一章 概述

第一节 乡村建设项目

（一）乡村建设项目概述

乡村工程建设基本上都是以项目的形式开展，比如修一条道路、盖一幢房子、开发一个居民小区、建一个集市等。乡村建设项目一般都具备以下特点：（1）有明确的建设目的；（2）有明确的建设任务量；（3）有明确的投资条件；（4）有明确的进度目标；（5）项目各组成部分之间有明确的组织联系；（6）项目实施具有一次性。

乡村建设项目所涉及的种类较多，可根据不同的标准进行分类。

（二）乡村建设项目分类

乡村建设项目依据不同的对象，有多种分类方法。

1. 根据用途的不同，可以分为

1）居住用房，如住宅、公寓、别墅、宿舍等。

2）基础设施，如道路、水电管网、通信、电视网络、水库、河道、环境等。

3）生产设施，如仓库及堆场、农产品加工厂、菜篮子基地、大中型饲养场等。

4）公共设施，如办公楼、综合楼学校、医院（卫生所）、邮政局（所）、绿化、广场、运动场、活动中心、集贸设施、垃圾站等。

2. 根据投资主体的不同，可以分为

1）政府投资项目，是指使用各类政府投资资金，包括预算内资金、各类专项建设基金等建设的项目。

2）企业投资项目，是指各类企业，包括国有企业、集体企业、私有企业、三资企业等，使用自有资金或对外筹措资金投资的乡镇建设工程项目。

3）私人投资项目，是指私人、个体户、家庭或家族等投资兴建的项目。

4）联合投资项目，各类投资主体，如生产联合体、资源开发联合体、科研与生产联合体、产销联合体等，联合投资的建设项目。

根据乡村建设项目性质的不同，又可以分为新建项目、改建项目、扩建项目、恢复项目和迁建项目。按照乡村建设项目处于不同阶段，可以分为预备项目、筹建项目、施工项目、建成项目、收尾项目和投产项目。

某种意义上来说，乡村建设项目的组织和实施包含了筹资融资、投资决策、勘察设计、建设施工、竣工验收等各个阶段。因此，可以把乡村建设项目的组织和实施过程看作是一个完整的建设项目管理过程。

尽管乡村建设项目的种类较多，但从乡村建设带头工匠可实施的角度来看，可归集为

2

农民自建房和乡村小额工程项目两大类。

第二节　乡村建设基本程序

农村住房大多属于低层建筑，其建设活动不适用《中华人民共和国建筑法》，在符合国家、地方土地、规划等政策的前提下，各地都有一些符合本地特色的具体做法，很难制定一个统一的模式，本节以浙江省杭州市富阳区为例。

（一）建房审批

1. 建房申请条件

（1）无住宅或原有住宅需要拆建、改建、扩建、迁建的农村居民家庭户可以申请建房。户籍不在同处的夫妻，以及同在本村居住的父母（或赡养的老人），视作同一家庭户。一户只能拥有一处宅基地，即"一户一宅"。

（2）有下列情形之一的，申请建房不予批准：

1）夫妻离婚后，放弃住宅的一方单独申请的。

2）不具备分户条件而以分户为由申请的。

3）不完全享有本村集体经济组织权益的外来户、迁出户申请的。

4）已实行安置、享受公寓化或其他住房福利政策的。

5）出租、出卖、赠与或以其他形式转让房屋，再申请的。

6）原住宅权利证书应注销未注销的。

7）违法占地或违法建房未处理结案的，相邻纠纷未妥善解决的。

8）政府正在供养中的孤寡老人、五保户等特困人员申请的。

9）其他不符合申请条件的。

2. 建房审批标准

农村居民建房必须符合村庄规划、土地利用总体规划和其他专项规划等相关要求。住房审批占地面积最大不超过 $120m^2$，层次不超过三层，檐口总高度不得超过 11.8m，总高度按坡度 30°计不得超过 15m。地下空间利用不得超过住房批准范围，深度不超过 3.6m，不得破坏地下管线功能，不得对相邻的合法建（构）筑物、附着物造成损害。

3. 建房审批流程

农村居民建房应按以下程序实施：

（1）建房申请

申请建房的村民（以下简称"建房户"）向村民委员会（以下简称"村委会"）提出书面申请，并提供户口身份证明、原住宅权利证书、建房履约保证书、建房通用图集（或经批准的设计方案）等。

（2）村级审查

村委会审查建房户的主体资格、原住宅处置、建房方案等。经集体讨论同意后，公示7天。期满无异议的，村委会签署意见，组织材料上报乡镇（街道）人民政府。

（3）审批发证

乡镇（街道）人民政府初审通过后，会同国土资源管理所（以下简称"国土所"）和测绘、地灾评价单位踏勘选址确认，对建房资格、原住宅处置、规划选址、地灾防治措施进行审查。通过后由区人民政府委托乡镇（街道）人民政府审核，颁发《建设用地规划许可证》《建设工程规划许可证》（或《乡村建设规划许可证》）和《建设用地批准书》。不同意的，由乡镇（街道）在7个工作日内作出不予许可决定书，并说明理由。

4. 建房审批应提交的资料

由村委会（经济合作社）向乡镇（街道）人民政府提交申请建房相关资料：

（1）建房申请。

（2）户口簿、户主身份证复印件（需与原件核对）。

（3）村委会集体讨论同意的书面意见。

（4）公示单及照片。

（5）原住宅权利证书或遗失公告，注销申请书或变更资料。

（6）原住宅拆除、置换、收回等相关证明资料。

（7）经确认的村庄建设规划平面图。

（8）建房通用图集，或经批准的设计方案。

（9）建房履约保证书、建房施工合同书、建房施工安全责任书、建房合同履约保证金缴纳凭据。

（10）申请建房家庭户夫妻双方中含有城镇居民的，需提供夫妻双方均未享受过房改房、集资房、廉租房、经济适用房和货币分房等住房福利政策及政府住房补贴的相关证明。

（二）建房管理

1. 定点放样

建房户与持有培训合格证书的建筑工匠或建筑施工企业签订施工合同、安全责任书，向村委会缴纳履约保证金。经村委会签证后报乡镇（街道）人民政府和住建行业主管部门备案，并申请定点放样。乡镇（街道）人民政府会同国土所对原住宅拆除或处置、权利证书注销或变更结果、邻里纠纷等情况进行确认，通过后和测绘单位到现场进行定点放样，并发放相关安全防范告知书。

2. 基础验槽

挖槽筑基时，村委会应当现场监督，及时报告。乡镇（街道）人民政府会同国土所进行基础验槽、挂牌公示，现场检查是否按照要求挖槽筑基，同时检查建房用电用水情况，防止私拉乱接。

3. 施工跟踪

乡镇（街道）人民政府要组织村委会加强农村居民建房的跟踪管理，落实生活污水、环境整治配套建设。督促施工方（工匠）和建房户严格按批准的方案施工建设，对违建情况，发现一处，及时整改一处。

4. 竣工验收

建房完工后，建房户向乡镇（街道）人民政府提出竣工验收申请，乡镇（街道）人民政府会同国土所和建房户、测绘单位和施工方等到现场，对是否超占、超建、擅自移位等情况进行确认，通过验收的出具竣工验收手续。

5. 确权发证

房屋竣工验收后，建房户可持批准文件、验收材料和村委会、乡镇（街道）人民政府确认的权属调查等材料申请办理不动产登记。

农村居民建房应集约节约用地，鼓励不占或少占耕地，尽可能利用空闲地、低丘缓坡，严禁占用永久性基本农田。

（三）建房监督

1. 严格落实农村居民建房"四到场"制度

乡镇（街道）人民政府必须严格落实"踏勘选址、定点放样、筑基验槽、竣工验收"的"四到场"制度，会同国土所、测绘、地灾评价单位共同参与，到场人员需做好记录并签字确认。发现未按审批方案建设的，责令停止建设，不整改完毕不得施工，限时整改不到位的按违法建筑处理。

2. 严格落实"一户一宅""拆旧建新"制度

一户只能拥有一处宅基地，建房户在定点放样前必须自行拆除原有住宅，村委会、乡镇（街道）和国土等部门在定点放样前要对原住宅处置到位情况进行确认，若未处置到位的，不予动工。经文物主管部门等单位认定有历史文化保护价值的建筑，可不列入建新拆旧范围，由村集体收回。

3. 严格落实建房档案管理及检查通报制度

乡镇（街道）要建立健全农村居民建房动态管理信息系统和建房档案管理制度，做到一房（户）一档案。实现建房申请、审批、利用、查处信息上下连通、动态管理、公开查询。国土、规划、住建、综合执法等部门要对农村居民建房审批、建设施工等情况定期进行抽查检查，建立通报制度，落实整改措施。

4. 建立建房积分管理制度，健全长效机制

乡镇（街道）人民政府要建立健全农村居民建房积分管理和动态巡查制度，按申请建房户资格等级、积分排序的优先顺序进行审批管理。加大对农村居民建房管理培训和考核力度，同时要加强建房的跟踪管理和处置力度。国土部门要加强指导和监督；规划部门要完善建设规划许可和通用图集设计方案的宣传普及；住建部门要加强建房安全管理；综合执法、国土部门要加大对违法违建行为的处理；其他有关部门要主动作为，协同推进。

5. 建立综合执法管理机制

乡镇（街道）人民政府要加强农村居民建房信息员、巡查员队伍的建设和考核，按照基层治理"四个平台"建设要求，建立综合执法管理机制。村委会要充分发挥基层自治组织的作用，切实做到建房违法违规行为早发现、早制止、早报告、早查处。

6. 强化红线意识，加大打击力度

乡镇（街道）和国土、综合执法等部门要强化红线意识，切实履行职责，加大打击力度。对非法占用土地、超高超面积、擅自移位、未按施工方案建房的违法行为要及时核实，责令停止建设，采取有效措施予以制止；拒不停止建设的，立即按"即查即拆"程序实施拆除。对不符合"即查即拆"的，由乡镇（街道）和国土、综合执法等部门依法作出限期整改、拆除决定；经催告、公告后，仍未自行整改、拆除的，由乡镇（街道）及时组织强制拆除。

（四）乡村建设带头工匠管理

1. 乡村建设带头工匠必须经有关部门技能培训，取得《乡村建设带头工匠培训合格证书》，具备农房建设技能后，方可承接农房施工任务。

2. 乡村建设带头工匠承接农房施工任务前，应当要求建房户提供批准证书和房屋施工图纸。

3. 乡村建设带头工匠在承接农房施工任务时，应当和建房户签订《建房施工合同》，和乡镇（街道）签订《乡村建设带头工匠施工管理协议书》。

4. 乡村建设带头工匠在农房开工建设前，应当办理建筑工程意外伤害的各项保险。

5. 农房施工前，乡村建设带头工匠应当和建房户、设计人员对施工图纸进行会审。

6. 乡村建设带头工匠承包农房施工时，应当准备必要的施工设备和施工工具。

7. 农房施工前，乡村建设带头工匠应当根据施工需要布置的临时设施和施工临时供水、排水、供电等的管线，确定材料、设备堆放场地等。

8. 乡村建设带头工匠应当遵守国家、地方的有关规定，严格按标准和图纸施工，自觉接受有关方面的检查。

第三节　乡村建设数字化管理

随着数字化技术的发展，政府通过建立数字政务平台开展线上审批、工匠筛选、施工现场监管、产权登记等工作，也能辅助当地政府开展乡村建设数据统计、灾害预警等服务，通过数字化手段辅助基层政府，提高了服务效率、确保了工程质量。乡村建设带头工匠需要了解乡村建设数字化管理平台，需要熟悉当地农房建设相关政务平台的办事流程，需要根据当地政府的要求进行线上登记、线上申报材料，以及配合线上验收进行资料归档等工作。

（一）主要解决的问题

1. 群众办事难

民房审批手续复杂，办证周期长，相关的工匠服务、建材、金融等集聚在县城，农村网点少。

2. 闭环管理难

审批不管建设，建设无权审批，审批建设脱节，未实现闭环管理。

3. 建房管控难

"带方案审批""四到场"监管落实不到位，农房建设质量难以保证，风貌管控不到位。

4. 动态更新难

省农房系统数据尚未集成到 GIS 平台上，数据浮于表面，组织一轮排查耗费大量人力物力，数据时效性差。

5. 危房监测难

危房发现不够动态化、精准化，危房管控更多依靠人工巡查，难以精准防控，遇地质灾害、台风汛期时，防灾避灾预警不够迅速、有效。

（二）主要实现的功能

1. 建房审批（图 1-1、图 1-2）

（1）通过部门系统协同，自动"避害"选址，老百姓"零资料提交"申请建房，实现从建房审批到办证的一键办理。

（2）通过审批规则程序化，最大限度地减少人情因素，实现建房审批公平公正。

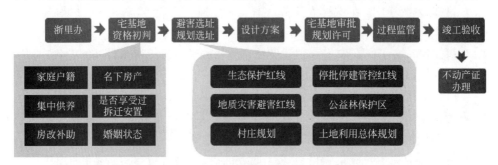

图 1-1　农村自建房审批流程（一）

图 1-2　农村自建房审批流程（二）

（3）建立全省统一工匠库，完善培训和管理制度，及时更新工匠业绩、口碑和星级信息。老百姓可以通过政府服务端选择中意的工匠，并进行满意度评价，同步促进工匠提升综合业务素质和建房水平。

（4）深化"人工巡查＋视频监管"相结合的"云监管"新模式，通过农房建设现场安装的高清摄像头，监管人员可随时掌握现场情况。

（5）"定位放样、基槽验线、施工巡查、竣工验收"即"四到场"阶段实时扫码上传巡查记录，形成建房过程闭环监管。

2. 房屋安全

（1）农房全域可视（图 1-3）

图 1-3　GIS 平台

（2）农房日常安全管理（图 1-4）

通过网格员定期巡查、群众自行上报、群众举报、政府例行检查等发现隐患信息，由乡镇初判处置，鉴定机构现场鉴定，建设部门连同乡镇对 C、D 级农房分类处置，C、D 级已属于危房。

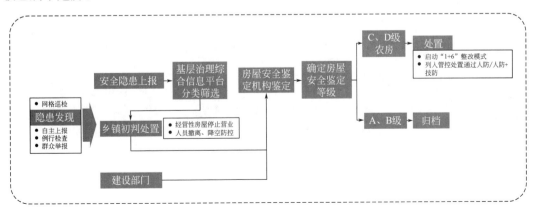

图 1-4　农房日常安全管理

（3）危房实时监控（图1-5）

对列入管控处置的农村危房采用人技联防、动态监测的手段，实现对房屋安全的实时监测、预警预防及紧急处置。

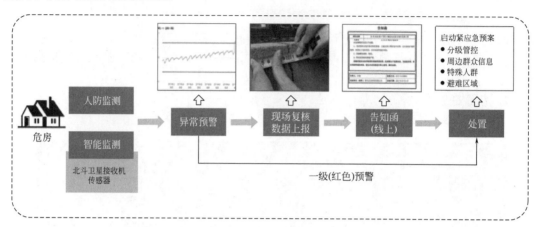

图1-5　危房实时监控

（4）防灾避险

依托防洪涝防台风监测预警系统（图1-6）实现异常气候危房闭环管控。农房数据动态更新，发生灾害险情，启动响应机制；发送预警短信至危房户主（使用人）、网格员手机，接入危房区域视频监控，第一时间实现危房现场可视化联合会商，形成紧急预案，进行紧急处置，事后复盘评估。

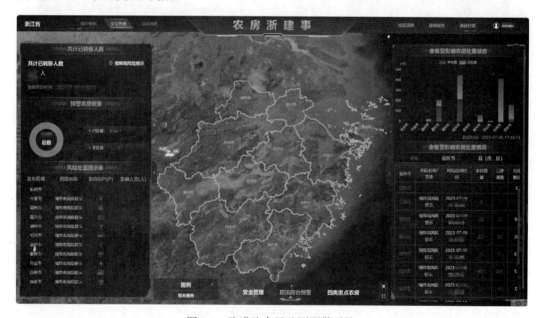

图1-6　防涝防台风监测预警系统

3. 经营流转（图1-7）

农民自建住宅房屋给他人居住的，应当在从事生产经营、公益事业或出租前委托房屋安全鉴定。

图 1-7　农房经营办理流程

积极开展农房流转试点，建立省、市、县三级闲置农房数据库，有利于促进"人地钱"生产要素的有机结合，增加村集体和老百姓收入，助力乡村振兴。

4. 危房改造

（1）改变以往逐级申报审核方式，实行困难群众线上自主申报、部门大数据自动联审，实现困难家庭危房改造全过程管理（图 1-8）。

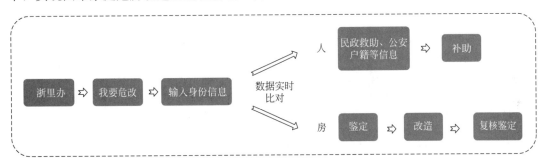

图 1-8　危房改造流程

（2）困难群众对补助资金发放时效有迫切需求，目前现状为当年完成改造、次年发放补助。通过优化线上支付流程，实现当月竣工、当月补助（图 1-9）。

图 1-9　困难群众线上补助

5. 建房服务（图 1-10）

图 1-10　建房服务

6. 决策辅助（图 1-11）

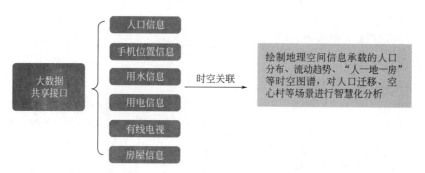

图 1-11　基于农房的常住人口分析

数字农房难在应用场景落地，最怕"为了数字化而数字化"，浙江省通过"浙里办"服务端和"浙政钉"管理端，做流程再造和制度创新，解决农民建房、服务、管理一系列问题。

（三）需要注意的地方

1. 乡村建设工匠需要学习当地乡村建设的数字化政务平台，了解政府对于农房或其他乡村建设项目的数字化设计、审批、施工、验收、质量监管、隐患排查、防灾减灾、违章举报、工匠管理、经营审批、拆除灭失等环节，特别是与乡村建设工匠密切相关的流程，做到熟练操作。

2. 乡村建设工匠需要给农户提供对于当地数字化政务平台的咨询，帮助农户了解审批、施工、验收等流程，更好地服务农户，帮助农户尽快办理各项流程。

3. 乡村建设带头工匠在组织施工队伍、现场施工过程中，需要指导团队中的乡村建设工匠熟悉数字化政务平台，了解施工过程中需要提交的资料，配合当地主管部门和基层政府做好工程质量的监管工作。

4. 乡村建设工匠需要做好平台其他功能的宣传工作，在工匠诚信、危房改造、防灾避险等方面做好宣传。

第四节　乡村建设工匠诚信体系建设

（一）诚信体系概述

为加强乡村建设工匠管理，建立诚信激励、失信惩戒的市场机制，根据《国务院关于印发社会信用体系建设规划纲要（2014—2020 年）的通知》（国发〔2014〕21 号）等规定，建立乡村建设工匠信用评价体系。乡村建设工匠信用评价遵循公开、公平、公正、客观、科学、及时的原则，实行标准统一、信息共享、合理奖惩、社会监督的评价方式。乡村建设工匠信用评价管理，运用定量的分析方法，依据乡村建设工匠从事生产经营活动中所发生的市场行为信息，对乡村建设工匠作出信用评价，并依据评价结果对乡村建设工匠实施综合管理。乡村建设工匠信用评价体系可以作为各级行政主管部门和各级人民政府对乡村建设工匠进行行业监管的参考。乡村建设工匠诚信管理对乡村建设行业尤为重要，诚信管理的实施让良好行为的工匠更能被市场接受，而不良行为的工匠逐步被淘汰。

（二）信用信息内容

乡村建设工匠信用信息应包括良好信用信息和不良信用信息。

良好信用信息是指乡村建设工匠在从事限额以下乡村建设工程中严格遵守有关法律、法规和文件规定，自觉维护市场秩序，诚信经营，有效保障施工现场安全和工程质量安全，受到各级政府、住房和城乡建设行政主管部门或行业协会的奖励和表彰，所形成的行为记录。主要包括：技能提升的内容、现场施工管理的内容、建设完成的业绩情况、服务业主或农户的情况，重点在于按规定参加培训、参与技能竞赛、配合政府监管、安全生产、确保施工质量、服务农户等行为。

不良信用信息是指乡村建设工匠在从事限额以下乡村建设工程中违反有关法律、法规和管理要求，经相关执法部门、行政机关监督检查或举报查处等所形成的不良行为记录。主要是指与良好行为相违背的行为，包括：不按规定参加技能培训、不符合现场施工安全、出现质量事故等行为。

（三）信用信息采集

1. 采集的信用信息包括：

（1）培训和年审记录。

（2）保障记录，包括工匠个人保险和所建房屋保险记录。

（3）依法承接的工程业绩信息（以在乡村规划监督管理机构备案为准）。

（4）有关部门表彰的文件及获奖证书。

（5）已生效的建设行政处罚决定书。

（6）相关监督管理部门的通报及处理决定。

（7）责令停止违法行为通知书和不良行为认定通知书等文书，或经相关机构查证属实的材料。

2. 工匠的良好（不良）信用信息，由乡村规划建设监督管理机构进行申报，经当地建设行政主管部门复核、公示，无异议后进行计分。

3. 不良信用信息实行公示和告知制度。由信用评价具体实施单位公示，并由乡村规划建设监督管理机构书面送达乡村建设工匠。

4. 乡村建设工匠对信用信息有异议时，应当在规定的时间内，向作出决定的相关部门提出书面申辩，并提供相应证据。相关部门接到书面申辩后，应在规定的时间内进行核查，查证属实的，予以修正。

5. 实行信用信息有效期制度。可根据地方需要来设置，乡村建设工匠一般良好（不良）信用信息有效期为1年。

6. 良好信用信息生效期从认定文书签发后开始计算；工程业绩生效期从施工合同、建房协议签订后开始计算；不良信用信息生效期从计分之日起计算。

7. 信用信息提供单位应当保证所提供的信息真实、准确、完整，对提供信息内容的真实性负责，做到信用信息随时采集报送，反映乡村建设工匠的即时信用状况。

（四）信用评价方式

乡村建设工匠信用评价实行年度评价。对有效期内的信用信息进行量化，加减计算评价得分，各代表处依据所得分值和所发生的不良信用信息严重程度评出乡村建设工匠年度信用等级。

乡村建设工匠信用评价以乡村建设工匠信用信息为依据，计算乡村建设工匠信用评价得分（信用评价得分＝信用基础分＋良好信用信息得分＋不良信用信息得分）。具体分值，各地可根据实际情况进行设定。对工匠进行若干等级的分类，便于诚信评价的应用。

（五）评价结果应用

按照诚信激励和失信惩戒的原则，信用评价结果在表彰评优和日常监管等工作中作为重要指标被予以应用。

年度评价诚信较好的乡村建设工匠列入推荐名录，优先参与乡村改厕、乡村道路施工、农村危房改造等限额以下建筑工程建设。

对年度评价一般诚信的乡村建设工匠，建议进行一般监管。

对年度评价诚信较差的乡村建设工匠，建议实行限制和惩戒机制。

（1）限制并取消评先评优。

（2）进行乡村建设法律、法规培训。

（3）通报，建议乡镇乡村规划建设监督管理机构将其所承揽的工程列为重点监督检查的对象。

农户可以根据工匠诚信情况，合理地选择建房工匠；国有资金占控股或主导地位的限额以下乡村建设工程项目，建议优先选用良好诚信的乡村建设工匠；其他限额以下乡村建设工程应当充分考虑工匠的评价等级结果，优先选用信用等级高的乡村建设工匠；工匠诚信情况融入社会大诚信体系，保险优惠和金融服务的优惠更倾向于诚信好的工匠，形成乡村建设行业的良性发展。

（六）信用评价管理

在信用评价工作中，应客观、准确、及时、全面地反映乡村建设工匠的信用状况，引导诚信经营。

信用评价工作实行季度通报制度和年度考评制度。

乡村建设工匠认为在信用管理工作中有关单位和个人存在弄虚作假、玩忽职守、徇私舞弊等行为的，可向相关省级行业协会投诉、举报，经调查核实后，严肃追究其责任。

浙江乡村建设工匠公共信用评价已经实施，诚信计分可参考附表。

第五节　乡村建设带头工匠法律责任

乡村建设是国家现代化建设的重要组成部分，也是实施乡村振兴战略的重要内容。乡村建设工匠主要是指在乡村建设中，使用小型工具、机具及设备，进行农村房屋、农村公共基础设施、农村人居环境整治等小型工程修建、改造的人员，是乡村建设中的重要力量，他们在执业过程中需要涉及、掌握或了解的相关法律责任摘选如下。

注：本部分引用的条文为文件原文，条文编号顺序为原文顺序。

（一）《中华人民共和国土地管理法》

第三十七条　非农业建设必须节约使用土地，可以利用荒地的，不得占用耕地；可以利用劣地的，不得占用好地。

禁止占用耕地建窑、建坟或者擅自在耕地上建房、挖砂、采石、采矿、取土等。

禁止占用永久基本农田发展林果业和挖塘养鱼。

第六十二条　农村村民一户只能拥有一处宅基地，其宅基地的面积不得超过省、自治区、直辖市规定的标准。

人均土地少、不能保障一户拥有一处宅基地的地区，县级人民政府在充分尊重农村村民意愿的基础上，可以采取措施，按照省、自治区、直辖市规定的标准保障农村村民实现户有所居。

农村村民建住宅，应当符合乡（镇）土地利用总体规划、村庄规划，不得占用永久基本农田，并尽量使用原有的宅基地和村内空闲地。编制乡（镇）土地利用总体规划、村庄规划应当统筹并合理安排宅基地用地，改善农村村民居住环境和条件。

农村村民住宅用地，由乡（镇）人民政府审核批准；其中，涉及占用农用地的，依照本法第四十四条的规定办理审批手续。

农村村民出卖、出租、赠与住宅后，再申请宅基地的，不予批准。

国家允许进城落户的农村村民依法自愿有偿退出宅基地，鼓励农村集体经济组织及其成员盘活利用闲置宅基地和闲置住宅。

国务院农业农村主管部门负责全国农村宅基地改革和管理有关工作。

第七十八条　农村村民未经批准或者采取欺骗手段骗取批准，非法占用土地建住宅的，由县级以上人民政府农业农村主管部门责令退还非法占用的土地，限期拆除在非法占用的土地上新建的房屋。

超过省、自治区、直辖市规定的标准，多占的土地以非法占用土地论处。

(二)《历史文化名城名镇名村保护条例》

第二十六条　历史文化街区、名镇、名村建设控制地带内的新建建筑物、构筑物，应当符合保护规划确定的建设控制要求。

第二十七条　对历史文化街区、名镇、名村核心保护范围内的建筑物、构筑物，应当区分不同情况，采取相应措施，实行分类保护。

历史文化街区、名镇、名村核心保护范围内的历史建筑，应当保持原有的高度、体量、外观形象及色彩等。

第二十八条　在历史文化街区、名镇、名村核心保护范围内，不得进行新建、扩建活动。但是，新建、扩建必要的基础设施和公共服务设施除外。

在历史文化街区、名镇、名村核心保护范围内，新建、扩建必要的基础设施和公共服务设施的，城市、县人民政府城乡规划主管部门核发建设工程规划许可证、乡村建设规划许可证前，应当征求同级文物主管部门的意见。

在历史文化街区、名镇、名村核心保护范围内，拆除历史建筑以外的建筑物、构筑物或者其他设施的，应当经城市、县人民政府城乡规划主管部门会同同级文物主管部门批准。

第三十三条　历史建筑的所有权人应当按照保护规划的要求，负责历史建筑的维护和修缮。

县级以上地方人民政府可以从保护资金中对历史建筑的维护和修缮给予补助。

历史建筑有损毁危险，所有权人不具备维护和修缮能力的，当地人民政府应当采取措施进行保护。

任何单位或者个人不得损坏或者擅自迁移、拆除历史建筑。

第三十五条　对历史建筑进行外部修缮装饰、添加设施以及改变历史建筑的结构或者使用性质的，应当经城市、县人民政府城乡规划主管部门会同同级文物主管部门批准，并依照有关法律、法规的规定办理相关手续。

第三十六条　在历史文化名城、名镇、名村保护范围内涉及文物保护的，应当执行文物保护法律、法规的规定。

(三)《风景名胜区条例》

第二十七条　禁止违反风景名胜区规划，在风景名胜区内设立各类开发区和在核心景区内建设宾馆、招待所、培训中心、疗养院以及与风景名胜资源保护无关的其他建筑物；已经建设的，应当按照风景名胜区规划，逐步迁出。

第四十条　违反本条例的规定，有下列行为之一的，由风景名胜区管理机构责令停止违法行为、恢复原状或者限期拆除，没收违法所得，并处 50 万元以上 100 万元以下的罚款：

1. 在风景名胜区内进行开山、采石、开矿等破坏景观、植被、地形地貌的活动的；

2. 在风景名胜区内修建储存爆炸性、易燃性、放射性、毒害性、腐蚀性物品的设施的；

3. 在核心景区内建设宾馆、招待所、培训中心、疗养院以及与风景名胜资源保护无关的其他建筑物的。

县级以上地方人民政府及其有关主管部门批准实施本条第一款规定的行为的，对直接负责的主管人员和其他直接责任人员依法给予降级或者撤职的处分；构成犯罪的，依法追究刑事责任。

(四)《中华人民共和国防洪法》

第十六条 防洪规划确定的河道整治计划用地和规划建设的堤防用地范围内的土地，经土地管理部门和水行政主管部门会同有关地区核定，报经县级以上人民政府按照国务院规定的权限批准后，可以划定为规划保留区；该规划保留区范围内的土地涉及其他项目用地的，有关土地管理部门和水行政主管部门核定时，应当征求有关部门的意见。

规划保留区依照前款规定划定后，应当公告。

前款规划保留区内不得建设与防洪无关的工矿工程设施；在特殊情况下，国家工矿建设项目确需占用前款规划保留区内的土地的，应当按照国家规定的基本建设程序报请批准，并征求有关水行政主管部门的意见。

防洪规划确定的扩大或者开辟的人工排洪道用地范围内的土地，经省级以上人民政府土地管理部门和水行政主管部门会同有关部门、有关地区核定，报省级以上人民政府按照国务院规定的权限批准后，可以划定为规划保留区，适用前款规定。

第二十二条 河道、湖泊管理范围内的土地和岸线的利用，应当符合行洪、输水的要求。

禁止在河道、湖泊管理范围内建设妨碍行洪的建筑物、构筑物，倾倒垃圾、渣土，从事影响河势稳定、危害河岸堤防安全和其他妨碍河道行洪的活动。

禁止在行洪河道内种植阻碍行洪的林木和高秆作物。

在船舶航行可能危及堤岸安全的河段，应当限定航速。限定航速的标志，由交通主管部门与水行政主管部门商定后设置。

第五十五条 违反本法第二十二条第二款、第三款规定，有下列行为之一的，责令停止违法行为，排除阻碍或者采取其他补救措施，可以处五万元以下的罚款：

1. 在河道、湖泊管理范围内建设妨碍行洪的建筑物、构筑物的；

2. 在河道、湖泊管理范围内倾倒垃圾、渣土，从事影响河势稳定、危害河岸堤防安全和其他妨碍河道行洪的活动的；

3. 在行洪河道内种植阻碍行洪的林木和高秆作物的。

(五)《中华人民共和国电力法》

第五十三条 电力管理部门应当按照国务院有关电力设施保护的规定，对电力设施保护区设立标志。

任何单位和个人不得在依法划定的电力设施保护区内修建可能危及电力设施安全的建筑物、构筑物，不得种植可能危及电力设施安全的植物，不得堆放可能危及电力设施安全的物品。

在依法划定电力设施保护区前已经种植的植物妨碍电力设施安全的，应当修剪或者砍伐。

第六十九条 违反本法第五十三条规定，在依法划定的电力设施保护区内修建建筑物、构筑物或者种植植物、堆放物品，危及电力设施安全的，由当地人民政府责令强制拆除、砍伐或者清除。

(六)《中华人民共和国森林法》

第三十七条 矿藏勘查、开采以及其他各类工程建设，应当不占或者少占林地；确需占用林地的，应当经县级以上人民政府林业主管部门审核同意，依法办理建设用地审批手续。

占用林地的单位应当缴纳森林植被恢复费。森林植被恢复费征收使用管理办法由国务院财政部门会同林业主管部门制定。

县级以上人民政府林业主管部门应当按照规定安排植树造林，恢复森林植被，植树造林面积不得少于因占用林地而减少的森林植被面积。上级林业主管部门应当定期督促下级林业主管部门组织植树造林、恢复森林植被，并进行检查。

第七十四条 违反本法规定，进行开垦、采石、采砂、采土或者其他活动，造成林木毁坏的，由县级以上人民政府林业主管部门责令停止违法行为，限期在原地或者异地补种毁坏株数一倍以上三倍以下的树木，可以处毁坏林木价值五倍以下的罚款；造成林地毁坏的，由县级以上人民政府林业主管部门责令停止违法行为，限期恢复植被和林业生产条件，可以处恢复植被和林业生产条件所需费用三倍以下的罚款。

违反本法规定，在幼林地砍柴、毁苗、放牧造成林木毁坏的，由县级以上人民政府林业主管部门责令停止违法行为，限期在原地或者异地补种毁坏株数一倍以上三倍以下的树木。

向林地排放重金属或者其他有毒有害物质含量超标的污水、污泥，以及可能造成林地污染的清淤底泥、尾矿、矿渣等的，依照《中华人民共和国土壤污染防治法》的有关规定处罚。

(七)《中华人民共和国防震减灾法》

第三十五条 新建、扩建、改建建设工程，应当达到抗震设防要求。

重大建设工程和可能发生严重次生灾害的建设工程，应当按照国务院有关规定进行地震安全性评价，并按照经审定的地震安全性评价报告所确定的抗震设防要求进行抗震设防。建设工程的地震安全性评价单位应当按照国家有关标准进行地震安全性评价，并对地震安全性评价报告的质量负责。

前款规定以外的建设工程，应当按照地震烈度区划图或者地震动参数区划图所确定的抗震设防要求进行抗震设防；对学校、医院等人员密集场所的建设工程，应当按照高于当地房屋建筑的抗震设防要求进行设计和施工，采取有效措施，增强抗震设防能力。

第四十条 县级以上地方人民政府应当加强对农村村民住宅和乡村公共设施抗震设防的管理，组织开展农村实用抗震技术的研究和开发，推广达到抗震设防要求、经济适用、具有当地特色的建筑设计和施工技术，培训相关技术人员，建设示范工程，逐步提高农村村民住宅和乡村公共设施的抗震设防水平。

国家对需要抗震设防的农村村民住宅和乡村公共设施给予必要支持。

(八)《中华人民共和国劳动合同法》

第十条 【订立书面劳动合同】建立劳动关系，应当订立书面劳动合同。

已建立劳动关系，未同时订立书面劳动合同的，应当自用工之日起一个月内订立书面劳动合同。

用人单位与劳动者在用工前订立劳动合同的，劳动关系自用工之日起建立。

第八十二条 【不订立书面劳动合同的法律责任】用人单位自用工之日起超过一个月不满一年未与劳动者订立书面劳动合同的，应当向劳动者每月支付二倍的工资。

用人单位违反本法规定不与劳动者订立无固定期限劳动合同的，自应当订立无固定期限劳动合同之日起向劳动者每月支付二倍的工资。

(九)《浙江省农村住房建设管理办法》

第二十条 违反本办法规定的行为，有关建设、规划、土地管理法律、法规已有法律责任规定的，从其规定。

第二十一条 建房村民未按照本办法规定组织竣工验收，或者未经竣工验收合格将农村住房投入使用的，由建设行政主管部门责令限期改正；逾期不改正的，处施工合同价款百分之二以上百分之四以下罚款，但罚款最高额不超过 3 万元。

第二十二条 建设工程设计单位或者设计人员未按照工程建设强制性标准进行低层农村住房设计，以及不符合本办法规定的单位或者个人承接低层农村住房设计业务的，由建设行政主管部门责令限期改正，处 5000 元以上 3 万元以下罚款；情节严重的，处 3 万元以上 10 万元以下罚款。

建筑施工企业或者农村建筑工匠进行低层农村住房施工，有下列情形之一的，由建设行政主管部门责令限期改正，处 5000 元以上 3 万元以下罚款；情节严重的，处 3 万元以上 10 万元以下罚款；造成农村住房质量不符合规定标准的，负责返工、修理，并赔偿因此造成的损失：

1. 对未取得宅基地用地批准文件、有关规划许可证和本办法第七条第一款规定的农村住房设计图纸的业务予以承接施工的；

2. 未按照设计图纸、施工技术标准和操作规程施工的；

3. 未采取安全施工措施，或者未及时发现和消除施工、消防等安全隐患的；

4. 偷工减料，或者使用不合格的建筑材料、建筑构（配）件和设备的。

建设工程设计单位、建筑施工企业或者人员从事前两款规定以外的农村住房设计、施工，存在违法行为的，依照建设工程质量安全管理有关法律、法规的规定处罚。

第二十三条 县级以上人民政府有关部门和乡（镇）人民政府、街道办事处及其工作人员，有下列情形之一的，由有权机关对负有直接责任的主管人员和其他直接责任人员依法给予处分：

1. 未按照规定办理宅基地用地审批和有关规划许可的；

2. 未按照规定提供放线服务的；

3. 在基槽验收、竣工验收环节接到建房村民或者村民委员会告知后未到场监督的；

4. 未按照规定进行用地和规划核实的；

5. 有其他玩忽职守、滥用职权、徇私舞弊行为的。

第二十四条　村民委员会受村民委托组织农村住房设计、施工、监理的，本办法中有关建房村民的规定适用于村民委员会。

第二十五条　由乡（镇）以上人民政府或者村民委员会负责统一建设的农村居住小区的建设管理，依照《中华人民共和国建筑法》《建设工程质量管理条例》《建设工程安全生产管理条例》等法律、法规的规定执行。

农村住房使用安全的管理以及农村危险房屋的治理，依照《浙江省房屋使用安全管理条例》的规定执行。

农村违法建筑的处置，依照土地管理、城乡规划管理有关法律、法规以及《浙江省违法建筑处置规定》的规定执行。

第二章　常用乡村建筑构造

　　构造是研究建筑物的构成、各组成部分的组合原理和构造方法的学科。主要任务是根据建筑物的使用功能、技术经济和艺术造型要求提供合理的构造方案，作为建筑设计的依据。通俗讲，建筑构造就是房屋构件怎么做，为什么这样做。具体内容分为墙基础构造、楼面构造、楼梯构造、屋顶构造、门窗构造和具体分部构造等。

第一节　乡村建筑类型

　　通常所说的"建筑"，往往是指建筑物和构筑物的通称。建筑物是指供人们生活、学习、工作、居住以及从事生产和各种文化活动等的房屋或场所，如住宅、学校、办公楼、工厂的车间等；而构筑物是指人们一般不直接在内进行生产或生活的建筑，如水坝、水塔、蓄水池、烟囱等。建筑物按用途可分为民用建筑、工业建筑和农业建筑。住宅、学校、办公楼均属于民用建筑的范畴。本章仅介绍与乡村建筑相关联的民用建筑。

（一）民用建筑的分类

1. 按使用功能分类

民用建筑按使用功能可分为居住建筑和公共建筑两类。

（1）居住建筑：主要是指提供家庭和集体生活起居的建筑物，如住宅、宿舍、公寓等。

（2）公共建筑：主要是指提供人们进行各种社会活动的建筑物，如乡村行政办公建筑、文教建筑、托幼建筑、纪念建筑等。

2. 按结构类型分类

按结构类型分类是以主要承重构件采用的材料不同而划分的。现阶段乡村建筑按各地的建筑风格和使用材料不同可分为夯土墙建筑、木结构建筑、混合结构建筑、钢筋混凝土结构建筑、砖混结构建筑和框架结构建筑等。

（1）夯土墙建筑。夯土是我国古代建筑的一种材料。我国古代建筑材料多以木为主，土为辅，石、砖、瓦为配。在古代，用作建筑的土大致可分为两种：自然状态的土称为"生土"，而经过加固处理的土被称为"夯土"，其密度较生土大。古代的城墙、台基往往都是用夯土筑成的。

　　夯土墙建筑形式历史久远，应用非常广泛，夯土建筑的种类很多，一般指的是夯土墙建筑，而现在得以保留的夯土墙遗址有秦始皇陵墓、南方的客家土楼群以及西南的特色民居等。

　　夯土墙建筑有取材方便（就地取材）、节能环保（避免开山采石、采煤烧砖和冬暖夏凉）、造价低廉、工艺简单等优点；不足之处是强度和耐久性差，遇到水的侵蚀浸泡，就会崩解坍塌，丧失强度和承重能力，也害怕冻融和风的侵蚀，从而影响它的耐久性和使用寿命，故大部分地区已不采用。

（2）木结构建筑。建筑物的主要承重构件均采用木材制作，墙体采用木板镶嵌、卵石或砖块等砌筑而成，如一些古建筑和旅游性建筑。

木结构建筑有可持续性、质量轻、绝缘性好和美观等优点。但有易受火灾、虫害、湿气损害以及需要定期维护等不足之处。目前，我国沿海、平原地区已较少采用，森林资源较丰富的东北及西南边远地区的乡村还继续采用。

（3）混合结构建筑。混合结构建筑一般是指楼盖和屋盖采用钢筋混凝土或钢、木结构，而墙、柱和基础采用砌体结构建造的房屋。因为砌体的抗压强度高而抗拉强度很低，所以住宅建筑最适合采用混合结构。

混合结构根据承重墙所在的位置，划分为纵墙承重和横墙承重两种方案。纵墙承重方案的特点是楼板支承于梁上，梁把荷载传递给纵墙，横墙的设置主要是为了满足房屋刚度和整体性的要求；横墙承重方案的主要特点是楼板直接支承在横墙上，主要起承重墙作用，其优点是房屋的开间大，使用灵活，房屋的横向刚度大，整体性好，但平面使用灵活性差。现阶段我国大部分地区乡村自建房均采用这种结构形式。

（4）钢筋混凝土结构建筑。建筑物的主要承重构件均由钢筋混凝土材料组成。建筑物超过6层时一般都采用该结构。

（5）砖混结构建筑。砖混结构是指建筑物中竖向承重结构的墙采用砖或者砌块砌筑，构造柱以及横向承重的梁、楼板、屋面板等采用钢筋混凝土结构。也就是说，砖混结构是以小部分钢筋混凝土及大部分砖墙承重的结构。它是混合结构的一种，适合开间进深较小，房间面积小，多层或低层的建筑。砖混结构是利用砖墙承受重量的，楼面上的重量通过楼板传到下面支撑的砖墙上，最后传到基础地面上，对于承重墙体不能改动。

（6）框架结构建筑。是指建筑物将钢筋混凝土浇捣成承重梁柱，它的承重结构是梁、板、柱、剪力墙，楼体的重量主要是由梁和柱承担，其他的各种轻质材料造的墙只起到保温和隔绝噪声的作用，不起到支撑楼体的作用，除负担本身自重外，不承受其他荷重，所以室内格局变动余地较大。

（二）民用建筑高度规定

《农村住房建设技术政策（试行）》第15条第3款规定"提高住房的适应性。室内空间组织宜具有一定灵活性，可分可合，适应不同时期家庭结构变化，避免频繁拆改。住房层高一般宜在2.6～3.0m之间，其中底层层高可酌情增加，但一般不超过3.3m"。

农村住房在做坡屋面设计时，规定屋顶的高度前后进深是12m，对半分是6m，采用四分水。如果不再设计夹层的话，那么屋脊到屋面的建筑高度就可以定为2.4m，如图2-1所示。

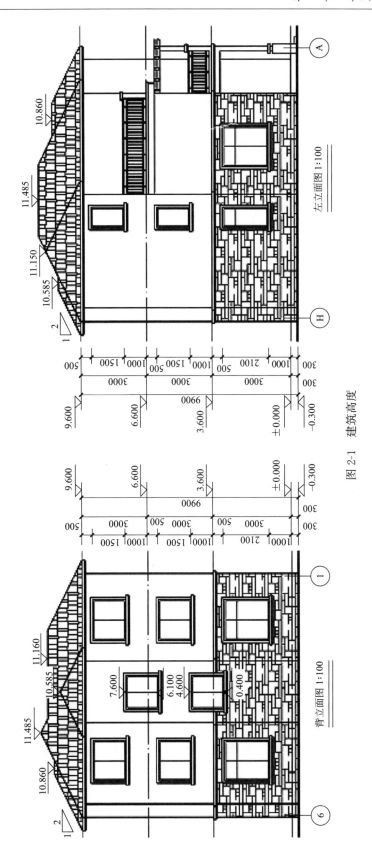

图 2-1 建筑高度

第二节　乡村建筑常见构造形式

民用建筑构造组成

建筑的物质实体一般由承重结构、围护结构、饰面装修及附属部件组成。

承重结构分为：基础、承重墙体（在框架结构建筑中承重墙体则由梁、柱代替）、楼板、屋面板等，如图 2-2 所示。

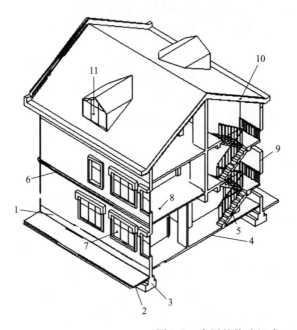

1—勒脚；2—散水；
3—基础；4—地面；
5—楼梯；6—装饰线条；
7—窗；8—楼面；
9—墙；10—屋面；
11—天窗

图 2-2　房屋的构造组成

围护结构可分为外围护墙、内墙（在框架结构建筑中为框架填充墙和轻质隔墙）等。

饰面装修一般按其部位分为：内外墙面、楼地面、屋面、顶棚灯饰面装修。

附属部件一般包括：楼梯、电梯、门窗、阳台、栏杆、隔断、花池、台阶、坡道、雨篷等。

建筑的物质实体按其所在部位和功能的不同分为：基础、墙和柱、楼板层和地坪层、楼梯和电梯、屋顶、门窗等。

1. 基础

基础是墙或柱下面的承重构件，埋在自然地面以下，承受建筑物全部荷载，并将这些荷载传给地基。基础必须有足够的强度和稳定性，并能抵御地下水、冰冻等各种有害因素的侵蚀。按使用材料可分为砖基础、毛石基础、混凝土基础、钢筋混凝土基础等。

2. 墙（柱）

墙（柱）承受楼板和屋顶传来的荷载。在墙承重的房屋中，墙既是承重构件，又是围护构件；在框架承重的房屋中，柱是承重构件，而墙只是围护构件或分隔构件。作为围护构件，墙（柱）必须具有足够的强度和稳定性；外墙必须抵御自然界各种因素对室内的侵袭。内分隔墙则必须隔声、保温、隔热、防火、防水等。

3. 楼板层与地坪层

楼板既是水平方向上的承重构件，又是分隔楼层空间的围护构件。楼板层支撑人、家具和设备的荷载，并将这些荷载传递给承重墙或梁、柱；同时，楼板层支撑在墙体上，对墙体起着水平支撑作用，增强建筑的刚度和整体性，并用来分隔楼层之间的空间。因此，楼板层应有足够的承载力和刚度，同时，性能应满足使用和围护要求。

当建筑物底层未用楼板架空时，地坪层作为底层空间与地基之间的分隔构件，支撑着人和家具设备的荷载，并将这些荷载传递给地基。地坪层应具有足够的承载力和刚度，并能均匀传力和防潮。

4. 楼梯与电梯

楼梯是建筑物中人们步行上下楼层的垂直交通联系部件，并根据需要满足紧急事故时的人员疏散。楼梯应有足够的通行能力，并做到兼顾耐久和满足消防疏散安全的要求。目前，电梯已逐步走进农村住房建筑中，电梯应具有足够的运送能力和方便快捷性能。

5. 屋顶

屋顶是建筑物顶部构件，既是承重构件，又是围护构件。屋面板支撑屋面设施及自然界中"风霜雪雨"荷载，并将这些荷载传递给承重墙或梁、柱。屋顶应具有足够的强度和刚度，并具有防水、保温、隔热等能力，上人屋面还得满足使用的要求。

6. 门窗

门主要是供联系内外交通或阻隔人流，有的门也兼有采光通风作用。门应该满足交通、消防疏散、防盗、隔声、热工等要求。窗的作用主要是采光、通风及眺望。窗应满足防水、隔声、防盗、热工等要求。

除了上述六大基本组成构件外，对不同使用功能的建筑，还有各种不同的构件和配件，如阳台、雨篷、台阶、散水、烟道等。所有组成建筑的各个部分起不同的作用。

第三节　乡村道路

农村住房的前后或左右修建道路应该根据本村自身的条件来规划实施。一般来说，农村住房间的道路称之为巷道，一般前后较窄大约在 3m，左右相对较宽大约在 5m，宽窄的依据是根据村规民约以及当地的实际情况制定的，没有明文规定。相关权属应依据《民法典》的相关规定。

村道，是指直接为农村生产、生活服务，不属于乡道及以上公路的，建制村与建制村之间和建制村与外部联络的主要公路。

村道规划由县级人民政府交通运输主管部门协助乡（镇）人民政府编制，报县级人民政府批准，并报省人民政府交通运输主管部门、市（州）人民政府或地区行政公署交通运输主管部门备案。

村道建设应当做好耕地，特别是永久基本农田、水利设施、生态环境和文物古迹的保护；应当按照有关标准设置交通安全、防护、排水等附属设施，并与主体工程同时设计、同时施工、同时投入使用。

第三章　常用建筑材料

建筑材料是构成房屋建筑的物质基础，质量合格的建筑材料是房屋安全性、耐久性与舒适性的基本保证。一方面，农村建房材料复杂多样，且大多数是建房村民自行购买的，随意性很强；另一方面，农村建材市场尚不规范，监管措施不到位，材料质量良莠不齐，假冒伪劣、不合格产品较多。因此，作为一名乡村建设工匠，应该对常用建筑材料相关知识进行系统学习，掌握一般材料的基本性能与质量要求，并在农房施工或指导农户建房时做到"严把材料关"。

第一节　建筑材料的分类

建筑材料种类繁多，可从不同角度对其进行分类。按化学成分不同，建筑材料可分为无机材料、有机材料和复合材料三大类。按其用途，可分为结构（梁、板、柱、墙体）材料、围护材料、保温隔热材料、防水材料、装饰装修材料等。从使用历史的角度，可以分为传统建筑材料与现代建筑材料，前者如土、木、砖、石、竹等自然材料，后者如钢筋、水泥、混凝土等材料。表 3-1 是以化学成分进行分类的建筑材料。本章主要介绍几种常用的建筑材料。

表 3-1　建筑材料分类

无机材料	金属材料	黑色金属：铁、碳素钢、合金钢 有色金属：铝、锌、铜及其合金
	非金属材料	天然材料（砂、黏土、石子、大理石、花岗石等） 烧土制品（普通烧结砖、烧结多孔砖、烧结空心砖、瓦、陶瓷等） 熔融制品（玻璃、玻璃制品） 保温材料（石棉、矿物棉、膨胀蛭石等） 胶凝材料（石灰、石膏、水玻璃、水泥等） 混凝土及硅酸盐制品（混凝土、砂浆、砌块、蒸压养护砖、硅酸盐制品等）
有机材料	天然材料	木材、竹材、植物纤维等
	胶凝材料	沥青、合成树脂等
	高分子材料	塑料、涂料、有机涂料、合成橡胶等
	保温材料	软木板、毛毡等
复合材料	金属、非金属复合材料	钢筋混凝土、钢纤维增强混凝土等
	无机、有机复合材料	沥青混凝土、聚合物混凝土等
	金属、有机复合材料	轻质金属夹芯板、铝塑板等

第二节　建筑材料的基本要求

建筑材料的选用直接关系到建筑形式、建筑质量和建筑造价，影响城乡建设面貌的变化和人民居住条件的改善。在建筑材料的选择和使用时，要根据建筑物的功能要求，考虑材料所应具备的性能。因此，需符合以下基本要求。

（一）安全性要求

安全性要求包括两点：一是指材料应具备必要的强度与承载能力，以及良好的变形性能，满足正常使用或遭受偶然作用时（如地震、台风、火灾、爆炸、碰撞等）仍能维持结构或构件基本安全的性能；二是指材料不含有害化学物质，或有害化学物质含量在容许的范围之内，保证房屋在建造过程、使用过程中不对人体或环境造成伤害。

（二）耐久性要求

耐久性是指材料在使用过程中，在内、外部因素的作用下，经久不破坏、不变质，保持原有性能的性质，是决定房屋使用寿命的主要因素。不同材料的耐久性往往有不同的具体内容，如混凝土的耐久性，主要表现为抗渗性、抗冻性、抗腐蚀性和抗碳化性；钢材的耐久性主要取决于其抗锈蚀性；木材的耐久性主要表现为耐腐蚀及防虫蛀的性能；而沥青的耐久性则主要取决于其大气稳定性和温度敏感性。

（三）适用性要求

使用功能不同的建筑物及其不同部位要选用相应的建筑材料，不同建筑材料有着不同的适用范围，应尽量做到物尽其用。如屋面、墙体等要根据当地的气候等条件选择合适的材料，做到舒适并且美观。

（四）经济性要求

在满足安全、适用、耐久的条件下尽量经济适用。在广大农村地区，由于交通不便，材料的运输费用较高，所以修建农房应尽量就地取材，降低造价。

第三节　钢筋

钢筋一般配置在混凝土梁、板、柱结构构件中，主要承受拉力。经常在墙体灰缝中加入水平拉结钢筋，以增强墙体的强度与延性，提高房屋的抗震性能。

（一）钢筋品种

按照不同的标准，可以把钢筋划分为不同的种类。

按钢筋外形，可划分为光圆钢筋和变形钢筋。光圆钢筋简称"圆钢"，由于容易弯曲，在运输过程中常常被卷成一圈一圈的圆环状，因此也称为"盘圆钢筋"；变形钢筋也叫"带肋钢筋"，俗称"螺纹钢"。

按照强度，可以把钢筋划分为Ⅰ级钢（用HPB300表示）、Ⅱ级钢（用HRB335表示，已淘汰，不再介绍）、Ⅲ级钢（用HRB400、HRBF400、RRB400表示）、Ⅳ级钢（用HRB500、HRBF500表示）四种级别，其中Ⅰ级钢即圆钢，Ⅱ级钢、Ⅲ级钢、Ⅳ级钢均为螺纹钢，如图3-1所示。

图 3-1　光圆钢筋与带肋钢筋

1. 热轧光圆钢筋按照《钢筋混凝土用钢 第 1 部分：热轧光圆钢筋》（GB/T 1499.1-2017）标准规定，实际重量与理论重量的允许偏差应符合表 3-2 的规定。

表 3-2　光圆钢筋实际重量与理论重量的允许偏差规定

公称直径（mm）	实际重量与理论重量的允许偏差（%）
6～12	±6.0
14～20	±5.0
22～50	±4.0

注：每米钢筋理论重量（kg/m）计算公式：0.006126×直径规格，其中直径单位为 mm。

2. 热轧带肋钢筋按照《钢筋混凝土用钢 第 2 部分：热轧带肋钢筋》（GB/T 1499.2-2018）标准规定，相应指标应符合表 3-3～表 3-5 的要求。

表 3-3　钢筋牌号的构成及含义

类别	牌号	牌号构成	英文字母含义
普通热轧钢筋	HRB400	由 HRB＋屈服强度特征值构成	HRB——热轧带肋钢筋的英文（Hot-rolled Ribbed Bar）缩写。 E——"地震"的英文（Earthquake）首位字母
	HRB500		
	HRB600		
	HRB400E	由 HRB＋屈服强度特征值＋E 构成	
	HRB500E		
晶粒热轧钢筋	HRBF400	由 HRBF＋屈服强度特征值构成	HRBF——在热轧带肋钢筋的英文缩写后加"细"的英文（Fine）首位字母。 E——"地震"的英文（Earthquake）首位字母
	HRBF500		
	HRBF400E	由 HRB＋屈服强度特征值＋E 构成	
	HRBF500E		

表 3-4　公称横截面面积与理论重量

公称直径（mm）	公称横截面面积（mm²）	理论重量（kg/m）
6	28.27	0.222
8	50.27	0.395

续表

公称直径(mm)	公称横截面面积(mm²)	理论重量(kg/m)
10	78.54	0.617
12	113.1	0.888
14	153.9	1.21
16	201.1	1.58
18	254.5	2.00
20	314.2	2.47
22	380.1	2.98
25	490.9	3.85
28	615.8	4.83
32	804.2	6.31
36	1018	7.99
40	1257	9.87
50	1964	15.42

理论重量按密度为 $7.85g/cm^3$ 计算

表 3-5 工艺性能（弯曲特性）指标规定

牌号	公称直径 d(mm)	弯曲压头直径(mm)
HRB400 HRBF400 HRB400E HRBF400E	6~25	4d
	28~40	5d
	>40~50	6d
HRB500 HRBF500 HRB500E HRBF500E	6~25	6d
	28~40	7d
	>40~50	8d
HRB600	6~25	6d
	28~40	7d
	>40~50	8d

注：钢筋应进行弯曲试验。按表 3-5 规定的弯曲压头直径弯曲 180°后，钢筋受弯曲部位表面不得产生裂纹。

（二）钢筋质量鉴别与保管

1. 钢筋质量的鉴别

（1）一看钢筋质量证明书（最好是原件，或加盖了经销企业红章的复印件）与钢筋标牌（每捆钢材 2 个）是否齐全，内容是否吻合。钢筋质量证明书包括产品名称、产品标准、规格型号、批号、厂名厂址、检验结果等。钢筋标牌上面应该标有厂名、生产"炉（批）号"、牌号、规格、标准编号、重量等相关信息，如图 3-2 所示。其中，标牌上的"炉（批）号"是唯一的，如果与质量证明书的"炉（批）号"不吻合，或有改动痕迹，肯定为假冒产品。另外，非正规生产的钢筋一般无标牌，或只有简易标牌（仅标数量），无质量证明书，常常用正规厂复印件冒充，对此应仔细鉴别。

（2）二看钢筋表面。首先，钢筋表面应该有牌号标识，如热轧带肋钢筋表面轧有牌号标志"4EYA32"，表示由安钢（用字母 YA 表示）生产的直径为 32mm 的 HRB400E 的热轧带肋钢筋，如图 3-3 所示。钢筋表面标识数字 4、5、6 分别代表 HRB400、HRB500、HRB600 级别钢筋，"E"表示有抗震结构要求的适用牌号。其次，钢筋表面不得有裂纹、结疤和折叠。而那些用地条钢锭轧制的钢筋，由于钢锭本身存在结疤、裂纹、夹渣等缺陷，虽然随着轧制变形会被部分掩盖，但不能完全消除。而且，钢筋直径越大，缺陷越容易暴露。正因为如此，市面上伪劣钢筋规格小于 16mm 的居多。

图 3-2　钢筋标牌

图 3-3　钢筋表面轧制的牌号

（3）三看光洁度及颜色。正规钢筋表面呈光亮均匀的深蓝灰色，小厂生产的非正规钢筋表面呈灰色，有的甚至呈暗红色，表面氧化铁皮稍经敲击或擦拭会脱落。

（4）四看截面尺寸（直径或内径）。正规企业生产的钢筋截面在公称尺寸范围内，且圆钢不圆度小、无耳子（又称裤线）。伪劣钢筋截面尺寸小于公称尺寸下限，耳子严重，不圆度大多超标准，这是有意轧成小尺寸以及使用落后的小型轧机等简易设备所致。

（5）五看端部。伪劣钢筋端部往往带有未切掉的轧制端头，并夹带有缺陷存在，在整捆中长度比其他钢筋短，还有个别企业在钢筋端部涂有红色——主要是为了掩盖端部缺陷。伪劣钢筋由于以地条钢为原料，坯料小且重量不等，很难达到等尺，为提高"出材率"必然带有轧制端头。

2. 钢筋的堆放和保管

（1）钢筋进场时应认真地进行验收，应对钢筋的规格、等级、牌号进行认真检查，并严格按批次分等级、牌号、直径、长度，挂牌架空堆放，不得混合堆放。

（2）钢筋应尽量堆放在仓库或加工棚内，堆放时钢筋下面一定要架空，离地高度不宜小于 20mm，以防止钢筋锈蚀和污染。

（3）钢筋进场要与钢筋加工能力和施工进度相适应，尽量缩短存放期，避免存放期过长使钢筋产生锈蚀。提倡厂家加工配送，根据施工进度分批次进场，可避免长时间堆放引起的污染和锈蚀。

（4）钢筋严禁与酸、盐、油类等物品堆放在一起，以免腐蚀和污染钢筋。

（5）钢筋成品应按工程名称和构件名称挂牌分开堆放，牌上应注明构件名称、部位、钢筋形式、尺寸、钢号、直径和根数，不得将不同规格种类的钢筋混放在一起。

第四节　水泥

（一）水泥的种类与组成

水泥是一种加水拌合后能在空气和水中硬化的粉状水硬性胶凝材料，能胶结砂、石等适当材料，凝结硬化后具有一定的强度，主要用于配置混凝土、砌筑砂浆和抹灰砂浆。水泥作为最主要的建筑材料之一，广泛应用于房屋、道路、水利和国防工程等工程建设。

水泥品种繁多，按其主要水硬性物质的不同，可分为硅酸盐水泥、铝酸盐水泥、硫铝酸盐水泥、铁铝酸盐水泥等系列，其中以硅酸盐系列水泥生产量最大，在农村建房中使用最为广泛。硅酸盐水泥是以硅酸钙为主要成分的水泥熟料，加入一定量的混合材料和适量石膏共同磨细制成。

水泥以兆帕表示其强度等级，如 32.5、32.5R、42.5、42.5R、52.5、52.5R、62.5、62.5R 等，其强度等级的数值与水泥 28 天抗压强度指标的最低值相同。在乡村建筑中常用的硅酸盐水泥分为 42.5、42.5R、52.5、52.5R、62.5、62.5R 3 个强度等级 6 个类型，其他五大水泥分为 32.5、32.5R、42.5、42.5R、52.5、52.5R 3 个强度等级 6 个类型。

（二）常用水泥的特性及适用范围

常用水泥的特性及适用范围分别见表 3-6、表 3-7。

表 3-6　常用水泥的特性

特性	硅酸盐水泥 P.I	普通硅酸盐水泥 P.O	矿渣硅酸盐水泥 P.S	火山灰质硅酸盐水泥 P.P	粉煤灰硅酸盐水泥 P.F
硬化	快	较快	慢	慢	慢
早期强度	高	较高	低	低	低
水化热	高	高	低	低	低
抗冻性	好	较好	差	差	差
耐热性	差	较差	好	较差	较差
干缩性	较小	较小	较大	较大	较小
抗渗性	较好	较好	差	较好	较好
腐蚀性	差	较差	好	好	好

表 3-7　常用水泥适用范围

适用范围	硅酸盐水泥	普通硅酸盐水泥	矿渣硅酸盐水泥	火山灰质硅酸盐水泥	粉煤灰硅酸盐水泥
适用范围	①地上、地下及水中的混凝土、受冻融循环的结构及早期强度要求较高的工程 ②配制建筑砂浆	与硅酸盐水泥基本相同	①大体积工程 ②蒸汽养护的构件 ③一般地上、地下和水中的钢筋混凝土结构 ④有抗硫酸盐侵蚀的工程 ⑤配制建筑砂浆	①地下、水中大体积混凝土结构 ②有抗渗性要求的工程 ③蒸汽养护的构件 ④一般混凝土及钢筋混凝土工程 ⑤配制建筑砂浆	①地上、地下、水中和大体积混凝土工程 ②蒸汽养护构件 ③抗裂要求较高的构件 ④抗硫酸盐侵蚀的工程 ⑤一般混凝土工程 ⑥配制建筑砂浆
不适用范围	①大体积混凝土工程 ②受化学及海水侵蚀的工程 ③耐热要求较高的工程 ④有流动水及压力水作用的工程		①早期强度要求较高的混凝土工程 ②有抗冻要求的混凝土工程	①早期强度要求较高的混凝土工程 ②有抗冻要求的混凝土工程 ③干燥环境的混凝土工程 ④有耐磨性要求的混凝土工程	①早期强度要求较高的混凝土工程 ②有抗冻要求的混凝土工程 ③有抗碳化要求的混凝土工程

（三）水泥的鉴别和保管

1. 水泥的鉴别

（1）一看水泥的包装袋是否完好，标志是否齐全（图 3-4）。水泥包装袋上应清楚注明执行标准、水泥品种、代号、强度等级、生产厂家名称、生产许可证编号、出厂编号、包装日期、净含量等内容。包装袋对水泥质量起着重要保护作用，一旦破损，水泥质量会受到影响。

图 3-4　水泥包装要求图

（2）二用手指捻水泥粉，感到有少许细、砂、粉的感觉，表明水泥细度正常。

（3）三看色泽，合格硅酸盐水泥为灰色或深灰色，如果水泥色泽发黄、发白（发黄说明熟料是生烧料，发白说明矿渣掺量过多），说明强度较低。

（4）四看时间，看清水泥的生产日期。超过有效期 30 天的，水泥性能有所下降。储存 3 个月后的水泥，其强度下降 10%～20%，6 个月后降低 15%～30%，1 年后降低 25%～40%。国家标准规定，六大常用水泥的初凝时间均不得短于 45min，硅酸盐水泥的终凝时间不得长于 6.5h，其他五类常用水泥的终凝时间不得长于 10h。

2. 水泥的保管

水泥在运输和保管期间，不得受潮和混入杂质，不同品质和等级的水泥应分别贮运，不得混杂。散装水泥应有专用运输车，直接卸入现场特别的贮仓，分别存放。袋装水泥堆放高度一般不应超过 10 袋。存放期一般不应超过 3 个月（快硬水泥 1 个月），超过 3 个月（快硬水泥 1 个月）的水泥必须经复检合格才能使用。否则，应当报废。

第五节　木材

（一）常用木材的基本性质及树种的识别方法

1. 常用木材的基本性质

木材的种类十分复杂，在这里介绍常用的几种树种。

（1）杉木：呈淡褐色与淡黄色。木纹平直，结构细致，质地较松，容易加工，耐腐朽，收缩变形小。

（2）松木：松木有许多品种，来源广泛。木质粗糙，纹理直行，强度适中，有弹性，着色胶结性好。缺点是收缩变形大，受潮易霉烂，并易受白蚁蛀蚀。

（3）银杏：呈褐黄与淡黄色，纹理直，结构细致，质轻、软，变形小，加工容易。

（4）樟木：有沙樟、黄樟、红樟、白樟多种。边材呈黄白色或红褐色，心材呈红褐色，樟脑味浓，不怕虫蛀，结构细致，有较好的韧性，纹理交错，美观好看，强度适中，刨削光滑，易加工。

（5）水曲柳：边材呈灰白色，心材呈灰褐色。材质光滑，坚、韧、硬，纹理直行，易加工，耐腐朽力强。

2. 树种的识别方法

（1）从锯截面上观察木质组成及质地的特征。

（2）从木材色泽中识别，但要注意新或旧。旧木材色泽比原色深，新木材色泽较淡。

（3）从木材的气味中识别，如松木有松香味，樟木有樟脑味。

（4）从树皮的形状和颜色来识别。

（5）从刨削后的木纹纹理识别。

（二）木材的存放方法

（1）盖房或制作家具，要提前 1 年备好木材。可以把湿木材放在通风的地方或防雨棚里，过 5～6 个月以后再剥树皮。这样，木材基本上不会开裂。然后可以根据用途，把木材锯成规格木料，放半年后即可使用，如图 3-5 所示。

（2）锯好的木材可以用绳子或钢丝捆好，中间放上筷子一样大小的边料，使木材之间保持通风，便于蒸发水分，防止木料弯曲变形，如图 3-6 所示。

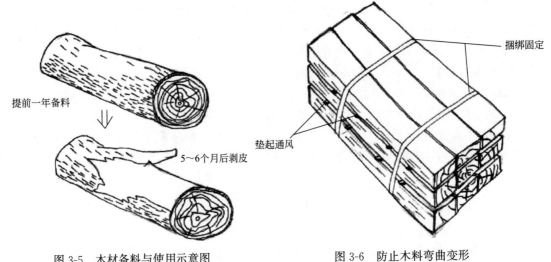

<table>
<tr><td>图 3-5　木材备料与使用示意图</td><td>图 3-6　防止木料弯曲变形</td></tr>
</table>

（3）木材弯曲变形处理。板材若产生凹形，可以在凹的一面加点水，再把凸的一面在太阳光下晒或在火中烤，凹面得到水会膨胀。

对于弯曲变形较大的木料，也可以同时采用烘烤与施加重物使其反向弯曲变形的方法进行处理，如图 3-7 所示。

图 3-7　木材弯曲变形处理

（三）木材的自然干燥

只要将木材合理堆放在阳光充足、通风良好、排水流畅、坚实平整的场地，经过一定时间就可以使木材干燥，达到工程用料的要求。自然干燥的几种方法如下：

1. 井字形堆积法和三角形堆积法（图 3-8）。

2. 架立堆积法（图 3-9），将木板立起，相对间隔靠架子斜放，上部应有遮雨棚。采用这种方法的干燥时间长，适用于较薄的板材，尤其对不急于使用的板材，干燥效果更好。

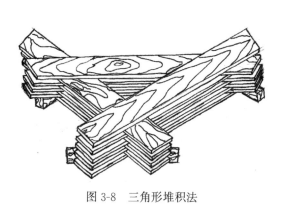

图 3-8　三角形堆积法

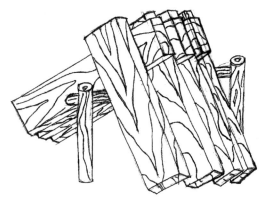

图 3-9　架立堆积法

（四）木材的防腐

1. 木材腐朽的原因

木材腐朽为真菌侵害所致。真菌分为霉菌、变色菌和腐朽菌三种，前两种真菌对木材质量影响较小，而腐朽菌影响很大。真菌在木材中生存和繁殖必须具备三个条件，即适当的水分、足够的空气和适宜的温度。

此外，木材还易受到白蚁、天牛等昆虫的蛀蚀，使木材形成很多孔眼或沟道，甚至蛀穴，破坏木质结构的完整性，而使其强度严重降低。

2. 木材简单防腐方法

木材防腐的基本原理在于破坏真菌及虫类的生存和繁殖条件，常用方法有：

（1）保持木材干燥。应把木材置于通风、干燥的条件下，使它的含水率降到 18% 以下。对于房屋结构中的木构件，应做好防潮、防雨措施。

（2）涂刷法。这种方法在建筑工地应用最广，凡木材与混凝土砖、石砌体接触部分均可用此法。可以使用煤焦油涂抹在木材表面，能起到杀菌防潮的作用，一般至少涂刷两遍。

（3）常温浸渍法。此法是将经自然或人工干燥的木材浸渍在常温的防腐剂中，浸渍的时间可以是几小时，也可以是几天。木材常用防腐、防虫药剂及适用范围见表 3-8。

表 3-8　木材常用的防腐、防虫药剂及适用范围

类别	药剂代号	药剂名称	配方组成（%）（按质量计）	处理液浓度（%）	药剂特点及适用范围
水剂	W-1	硼酚合剂	硼酸 30 硼砂 35 五氯酚钠 35	5～6	不耐水，仅适用于室内条件下的防腐、防虫处理
	W-2	氟酚合剂	五氯酚钠 60 氟化钠 35 碳酸钠 5	4～5	较耐水，对木腐菌的效力较大，适用于室内条件下的防腐、防虫处理
	W-3	铜铬硼合剂	硫酸铜 35 重铬酸钠 56 硼酸 25	5～6	耐水，对木腐菌的效力较大，但处理的木材呈褐色，适用于室内外条件

类别	药剂代号	药剂名称	配方组成(%) (按质量计)	处理液浓度 (%)	药剂特点及 适用范围
水剂	W-4A	铜铬砷合剂 (A型)	硫酸铜 33 重铬酸钠 56 五氧化二砷 11	4～5	耐水,具有持久而稳定的防腐、防虫效力,适用于室内外条件
	W-4B	铜铬砷合剂 (B型)	硫酸铜 22 重铬酸钠 33 五氧化二砷 45	4～5	耐水,具有持久而稳定的防腐、防虫效力,适用于室内外条件,更适用于白蚁危害严重的地区
油剂	OS-1	五氯酚林丹合剂	五氯酚 5 林丹 1 柴油或蒽油 94	—	耐水,防腐、防虫效力可靠而持久。可用于处理与砌体接触的木构件。若采用蒽油为溶剂,则仅用于室外
	OS-2	木材防腐油或蒽油	煤焦油的蒸馏物	—	耐水,防腐、防虫效力稳定而持久,但有恶臭,仅限室外使用
乳剂	E-1	二氯苯醚菊酯	二氯苯醚菊酯 10 溶剂及乳化剂 90	0.1	为低毒高效杀虫剂。对昆虫有强烈触杀效力,但对真菌无效
浆膏	P-1	氟化钠浆膏	氟化钠 40 砷酸钠 10 3 号石油沥青 22 柴油 28	—	药剂借扩散作用渗入木材。适用于局部的防腐、防虫处理,如柱脚、屋架支座节点、构件与砌体接触面等,效果十分显著

(五) 木材的防火

1. 结构防火措施:在设计和建造建筑物时,应该使木构件远离热源,或用砖石、混凝土、石棉板和金属等做成隔离板。

2. 用防火剂或防火涂料处理:一般使用酸式磷酸铵、硫酸铝、氯化铵和硼砂等防火剂。遇火时,这些防火剂可在木材表面形成薄膜,达到防火的目的。木材防火处理示意如图 3-10 所示。

图 3-10　木材防火处理示意

第六节 块材

块状的材料是立体构成中最基本的材料,通过块状材料的运用,可有效地表现出空间立体造型。由于块状材料具有明显的空间占有特性,在视觉上有着比面状与线状材料更强烈的表现力,在视觉上有着更重的分量;另外,由于块状材料具有连续的面,又能给人以稳定的心理作用,所以在建设工程中应用十分广泛。本节主要介绍乡村建筑常用的块材。

(一)砌筑块材

用砂浆等胶结材料将砖、石块、小型砌块等块材组砌成墙、柱。如砖墙、石墙、砌块墙、砖柱等,统称为砌体。一般情况下,块材具有一定的保温、隔热、隔声性能和承载能力,生产制造及施工操作简单,不需要大型的施工设备,但是现场湿作业较多、施工速度慢、劳动强度较大,如图 3-11 所示。

图 3-11 砌筑块材

1. 砖的种类

砖的种类很多,按组成材料分,有普通砖、灰砂砖、页岩砖、煤矸石砖、水泥砖以及各种工业废料砖,如炉渣砖等;按外观分,有实心砖、空心砖和多孔砖;按制作工艺分,有烧结和蒸压养护成型等方式,常用的有烧结普通砖、蒸压粉煤灰砖、蒸压灰砂砖、烧结空心砖和烧结多孔砖。

砖的强度等级按其抗压强度平均值分为:MU30、MU25、MU20、MU15、MU10 等(MU30 即抗压强度平均值不小于 $30.0N/mm^2$)。

2. 特点

(1)蒸压粉煤灰砖和蒸压灰砂砖

蒸压粉煤灰砖是以粉煤灰、石灰、石膏和细骨料为原料,压制成型后经高压蒸汽养护制成的实心砖。其强度高,性能稳定,但用于基础或易受冻融及干湿交替作用的部位时,对强度等级要求较高。

蒸压灰砂砖是以石灰和砂子为主要原料,成型后经蒸压养护而成,是一种比烧结砖质量大的承重砖，隔声能力和蓄热能力较好，有空心砖，也有实心砖。这两种蒸压砖都是替代实心普通砖的产品之一，但都不得用于长期受热（200℃以上）、有流水冲刷、受急冷、急热和有酸碱介质侵蚀的建筑部位。其强度等级分为 MU20、MU15、MU10、MU7.5、MU5。

（2）烧结空心砖和烧结多孔砖

烧结空心砖和烧结多孔砖都是以黏土、页岩、煤矸石等为主要原料经熔烧而成。前者孔洞率不小于 35%，孔洞为水平孔；后者孔洞率在 15%～30% 之间，孔洞尺寸小而数量多。这两种砖都主要适用于非承重墙体，但不应用于地面以下或防潮层以下的砌体。常用的实心砖规格（长×宽×厚）为 240mm×115mm×53mm，加上砌筑时所需的灰缝尺寸，正好形成 4∶2∶1 的尺度关系，便于砌筑时相互搭接和组合。空心砖和多孔砖的尺寸规格较多。

（二）天然石材

天然石材（也称毛石）具有很高的抗压强度、良好的耐磨性和耐久性，资源分布广，蕴藏量丰富，便于就地取材，生产成本低，是古今土木工程中修筑城垣、桥梁、房屋、道路及水利工程的主要材料。农村地区往往就地取材，利用毛石做地基基础和驳坎，如图 3-12 所示。

图 3-12　天然石材（毛石）

毛石基础的抗冻性较好，在寒冷潮湿地区可用于 6 层以下建筑物基础，但整体性欠佳，故有抗震要求的建筑很少采用。

毛石基础是用强度等级不低于 MU20 的毛石和不低于 M5 的砂浆砌筑而成。为保证砌筑质量，毛石基础每台阶高度不宜小于 400mm，基础的宽度不宜小于 200mm，每阶两边各伸出宽度不宜大于 200mm。石块应错缝搭砌，缝内砂浆应饱满，且每步台阶不应少于两匹毛石，石块上下皮竖缝必须错开，做到丁顺交错排列。

毛石基础按其剖面形式有矩形、阶梯形和梯形三种。一般情况下，阶梯形剖面是每砌300～500mm 高后收退一个台阶，收退几次后，达到基础顶面宽度为止；梯形剖面是上窄下宽，由下往上逐步收小尺寸；矩形剖面为满槽装毛石，上下一样宽。

毛石基础的标高一般砌到室内地坪以下 50mm，基础顶面宽度不应小于 400mm。

第七节　混凝土

（一）混凝土的组成材料

普通混凝土是由水泥、细骨料（砂）、粗骨料（石子）、水及外加剂按一定比例搅拌硬化后凝结而成的人造石。

1. 水泥（见本章第 4 节）

2. 砂

砂的分类：砂按产地不同，可分为山砂、海砂与河砂。山砂含有较多粉状黏土和有机质；河砂中所含杂质较少，使用最多。按直径不同，分为粗砂、中砂和细砂三种。粗砂的平均直径不小于 0.5mm，中砂的平均直径不小于 0.35mm，细砂的平均直径不小于 0.25mm。混凝土配合比用细砂时所需的水泥浆少。但砂子过粗，易使混凝土拌合物产生离析、泌水等现象，影响混凝土的和易性。所以，混凝土用砂既不宜过细，也不宜过粗。而且在砂子购买时应注意含泥量的控制，一般砂子的含泥量不得超过 1％。

3. 石子

（1）石子的分类：混凝土中的石子分为卵石和碎石。卵石表面光滑，少棱角，便于混凝土的泵送和浇筑，但与水泥的胶结较差，且含泥量较高，适合于拌制较低强度混凝土；碎石表面粗糙，多棱角，与水泥胶结牢固，在相同条件下比卵石拌制的混凝土强度高。石子按粒径分为 5～10mm、5～16mm、5～20mm、5～25mm、5～31.5mm 几种级别。

（2）石子的选用：根据规定，混凝土用粗骨料（即石子）的最大粒径一般不得超过构件截面最小尺寸的 1/4，且不得超过钢筋间最小净距的 3/4。对混凝土实心板，可允许采用最大粒径达 1/3 板厚的骨料，但最大粒径不得超过 40mm。石子含泥量不得超过 1％，而且石子使用前应冲洗干净。

4. 拌制用水

拌制混凝土用水应该是无杂质的洁净水，未经处理的海水严禁使用。

5. 外加剂

外加剂是一种用量小、作用大的化学制剂，掺用要准确，否则会影响混凝土的性能。外加剂包括减水剂、早强剂、引气剂、缓凝剂、防冻剂、膨胀剂等。在配制混凝土时可根据需要选择外加剂，如混凝土减水剂等。

外加剂的用量必须严格控制，一般掺量不得大于水泥用量的 5％。掺用外加剂的混凝土必须搅拌均匀。

（二）混凝土的分类及性质

1. 混凝土分类

混凝土按结构可分为普通混凝土、细粒混凝土、大孔混凝土和多孔混凝土；按施工方法可分为现浇混凝土、预制混凝土、泵送混凝土和喷射混凝土。乡村建房常采用普通混凝土。

2. 混凝土的和易性

（1）概念。混凝土拌合物应具有一定的弹性、塑性和黏性。这些性质综合起来通常叫作和易性。和易性是混凝土拌合物的一种综合技术性质，包括黏聚性、流动性与保水性三方面的含义。黏聚性是指混凝土拌合物所表现的黏聚力，这种黏聚力使混凝土在浇筑时不致出现离析现象；流动性是指混凝土拌合物在自重或机械振捣的作用下，产生流动并均匀密实地填充模板各个角落的能力；保水性是指混凝土拌合物保持水分不易析出的能力，保持水分的能力一般以稀浆析出的程度来测定。

（2）选用。混凝土的和易性是一项综合性指标，一般以坍落度的大小来表示。混凝土浇筑时的坍落度宜按表 3-9 选用。现场施工如因气温过高造成混凝土流动性减小，或人工捣实需要加大混凝土流动性时，最简单的方法是增加同配比水泥浆，绝对不能采用简单加水的方法。

表 3-9　现场拌制混凝土的坍落度要求

结构种类	坍落度（mm）
基础或地面等的垫层、无配筋的大体积结构（挡土墙、基础等）或配筋结构	10～30
板、梁和大型及中型截面的柱子等	30～50
配筋密列的结构（薄壁、斗仓、筒仓、细柱等）	50～70
配筋特密的结构	70～90

注：以上仅供参考，不同的施工部位，不同的施工工艺，其坍落度是不一样的。采用泵送混凝土时，其坍落度一般在 150～180mm 之间。

3. 混凝土的强度等级

（1）混凝土的立方体抗压强度：混凝土的强度有抗压强度、抗拉强度、抗剪强度及与钢筋的粘结强度等。混凝土的抗压强度按立方体抗压强度标准值来划分，可分为 C15、C20、C25、C30、C35、C40、C45、C50、C55、C60、C65、C70、C75、C80 十四个等级。

其中"C"表示混凝土，后面的数字则表示其抗压强度指标，如 C20 表示该混凝土的立方体抗压强度标准值为 20MPa。

农房中使用的混凝土主要为中低强度，一般强度等级为 C15、C20、C25 三种，C30 以上的混凝土由于拌制工艺要求严格且造价高，在农房建造中较少使用。

（2）影响混凝土抗压强度的主要因素包括：水泥强度、水灰比、骨料种类及性质、养护湿度和温度、养护龄期、外加剂等。另外，混凝土的强度还与施工方法和施工质量有着密切的关系，尤其是施工过程中的振捣工艺，会显著影响混凝土的均匀性、密实性和硬化后的强度及耐久性。

4. 混凝土的耐久性

混凝土的耐久性包括混凝土的抗渗性、抗冻性、抗侵蚀性和抗碳化性。一般情况下，混凝土拌合物中的有害成分越少，振捣越密实，混凝土的强度越高，耐久性越好。

（三）混凝土的配合比

混凝土的配合比是指混凝土中各组成材料之间的比例关系。混凝土的配合比通常用每立方米混凝土中各种材料的用量或者用量的比例来表示。

1. 配合比设计的基本参数

普通混凝土的配合比可由水灰比、用水量、砂率三个基本参数来控制。

（1）水灰比：是指水和水泥的比值，它是影响混凝土和易性、强度和耐久性的主要因素。

（2）用水量：是指每立方米混凝土拌合物中水的用量。在水灰比确定后，混凝土中单位用水量也就表示水泥浆和集料之间的比例关系。

（3）砂率：是指砂子占砂石总量的百分比。

2. 配合比选用参考

乡村建房常用的中低强度混凝土的配合比选用可参考表3-10、表3-11。表中给出的配合比相对应的混凝土坍落度为35～50mm。

表 3-10　混凝土配合比参考表（卵石）

混凝土 强度等级	卵石粒径 （mm）	水泥 强度等级	每立方米混凝土材料用量（kg）			
			水	水泥	石子	砂
C15	20	32.5	180	310	651	1209
		42.5	180	250	749	1171
	40	32.5	160	276	651	1263
		42.5	160	222	748	1220
C20	20	32.5	180	367	593	1260
		42.5	180	295	693	1232
	40	32.5	160	327	593	1320
		42.5	160	262	692	1286
C25	20	32.5	180	439	570	1211
		42.5	180	353	616	1251
	40	32.5	160	390	555	1295
		42.5	160	314	655	1271
C30	20	32.5	180	400	582	1238
		52.5	180	333	623	1264
	40	32.5	160	356	584	1300

表 3-11　混凝土配合比参考表（碎石）

混凝土 强度等级	碎石粒径 （mm）	水泥 强度等级	每立方米混凝土材料用量（kg）			
			水	水泥	石子	砂
C15	20	32.5	195	295	725	1135
		42.5	195	229	770	1156
	40	32.5	175	265	688	1222
		42.5	175	206	788	1181

混凝土强度等级	碎石粒径（mm）	水泥强度等级	每立方米混凝土材料用量(kg)			
			水	水泥	石子	砂
C20	20	32.5	195	361	645	1199
		42.5	195	279	751	1175
	40	32.5	175	324	627	1274
		42.5	175	250	750	1225
C25	20	32.5	195	443	564	1198
		42.5	195	342	652	1202
	40	32.5	175	398	555	1261
		42.5	175	307	566	1247
C30	20	32.5	195	398	671	1211
		52.5	195	320	697	1188
	40	32.5	175	357	598	1270

第八节　建筑砂浆

建筑砂浆是由无机胶凝材料、细骨料和水组成，有时也掺入某些掺合料。建筑砂浆常用于砌筑墙体或建筑物内外表面（如墙面、地面、顶棚）的抹灰，大型墙板、砖石墙的勾缝，以及装饰材料的粘结等。

砂浆的种类很多，根据用途不同可分为砌筑砂浆、抹面砂浆；根据胶凝材料不同可分为水泥砂浆、石灰砂浆、混合砂浆等。

（一）砌筑砂浆

砌筑砂浆指的是将砖、石、砌块等粘结成砌体的砂浆。它起着粘结和传递荷载的作用，是砌体的重要组成部分。主要品种有水泥砂浆和水泥混合砂浆。水泥砂浆是由水泥、细骨料和水配制成的砂浆，一般用于基础、长期受水浸泡的部位和承受较大外力的砌体。水泥混合砂浆是由水泥、细骨料、掺加料及水配制成的砂浆，一般用于地面以上的砌体施工。

砌筑砂浆的组成材料

（1）水泥：水泥是砂浆的主要胶凝材料，一般选择中低强度的水泥即可满足设计要求。

（2）其他胶凝材料及掺加料：为改变砂浆的和易性，减少水泥用量，通常掺入一些廉价的其他胶凝材料（如石灰膏、黏土膏等）制成混合砂浆。

（3）细骨料：砂浆常用的细骨料为普通砂，对特种砂浆也可选用。

（二）抹面砂浆

凡涂抹在建筑物和构件表面以及基底材料的表面，兼有保护基层和满足使用要求作用的砂浆都可统称为抹面砂浆，抹面砂浆是现代建筑行业中广泛应用的一类干混砂浆建材，主要用于建筑物表面的抹灰，其不仅具有保护功能，而且还能满足一定的使用要求。

抹面砂浆与其他类型的砂浆是完全不同的，尤其是与砌筑砂浆相比，抹面砂浆具有以下特点：

（1）抹面层不承受荷载。

（2）抹面层与基底层要有足够的粘结强度，使其在施工中或长期自重和环境作用下不脱落、不开裂。

（3）抹面层多为薄层，并分层涂抹，面层要求平整、光洁、细致、美观。

（4）多用于干燥环境，大面积暴露在空气中。

抹面砂浆常分两层或三层进行施工，不同层次的抹面砂浆在建筑中所起到的功能与作用是各不相同的，具体功能情况如下：

（1）底层砂浆的作用是使砂浆与基层能牢固地粘结，应有良好的保水性。

（2）中层砂浆的作用主要是找平，有时可省去不做。

（3）面层砂浆的作用主要是获得平整、光洁的表面效果。

抹面砂浆顾名思义就是用于建筑物表面抹灰的砂浆产品，因此，抹面砂浆的主要应用场所就是建筑物表面。当然，用于表面的抹面砂浆不仅要求其具有美观功能，使建筑物表面平整，还要具有防水的功能，这也是未来抹面砂浆发展的一大趋势。

（三）水泥砂浆

水泥砂浆是由水泥、细骨料和水，即水泥＋砂＋水，根据需要配成的砂浆，水泥砂浆宜用于砌筑潮湿环境以及强度要求较高的砌体。水泥混合砂浆则是由水泥、细骨料、石灰和水配制而成。两者是不同的概念，叫法不同，用处也有所不同。

通常所说的1∶3水泥砂浆是用1重量水泥和3重量砂配合，实际上忽视了水的成分，水的比例一般在0.65左右，即应成为1∶3∶0.65，水泥砂浆的密度为2000kg/m³。

注：建筑施工过程中使用的砂浆，为便于施工，一般是现场搅拌的，水泥砂浆配合比1∶3指重量比，然后根据现场搅拌机或材料容器的容量换算为体积比；结构施工中使用的砂浆多用成品砂浆，多用砂浆强度表示，如M5、M7.5、M10砂浆等。

（四）石灰砂浆

石灰砂浆顾名思义就是石灰＋砂＋水组成的拌合物。石灰砂浆是由石灰膏和砂子按一定比例搅拌而成的砂浆，完全靠石灰的气硬获得强度。石灰砂浆成本比较低，仅用于强度要求低、干燥环境的部位。

1∶3石灰砂浆，1为石灰，3为砂，即砂是石灰的3倍，1∶3的石灰砂浆是一种规范说法，其比例关系是：1.198m³（中砂）∶0.202t（生石灰）∶0.5m³（水）。

（五）混合砂浆

混合砂浆（也叫水泥石灰砂浆）一般由水泥、石灰膏、砂子拌和而成，一般用于地面以上的砌体。混合砂浆由于加入了石灰膏，改善了砂浆的和易性，操作起来比较方便，有利于砌体密实度和工效的提高。混合砂浆宜用于砌筑干燥环境中的砌体；多层房屋的墙一般采用强度等级为M5的水泥石灰砂浆；砖柱、砖拱、钢筋砖过梁等一般采用强度等级为

M5～M10 的水泥砂浆；砖基础一般采用不低于 M5 的水泥砂浆；低层房屋或平房可采用石灰砂浆；简易房屋可采用石灰黏土砂浆。

随着新型材料的使用，当今往往多用"砂浆王"代替白灰加入水泥砂浆里，故混合砂浆也可称为添加砂浆王的水泥砂浆。不过在实际施工中也发现，用砂浆王的混合砂浆虽然节省了成本，但是砌筑强度存在不足，特别是针对一些砖混结构，影响到了广大人民群众的生命安全。在一些地方就出台了相关的地方性规定，在一般建筑施工中严禁使用添加砂浆王的水泥砂浆。所以对于新材料的使用，一定要慎重。

第九节　防水材料

（一）防水材料概述

防水材料是防渗透、渗漏和侵蚀的材料统称，包含防止雨水、地下水、工业和民用的给排水、腐蚀性液体以及空气中的湿气、蒸气等侵入建筑物的材料。

建筑防水即为防止水对建筑物某些部位的渗透而从建筑材料和建筑构造上所采取的措施。防水多使用在屋面、地下建筑、建筑物的地下部分和需防水的内室和储水构筑物等部位。按其采取的措施和手段的不同，分为材料防水和构造防水两大类。材料防水是靠建筑材料阻断水的通路，以达到防水的目的或增加抗渗漏的能力，如卷材防水、涂膜防水、混凝土及水泥砂浆刚性防水，以及黏土、灰土类防水等。构造防水则是采取合适的构造形式，阻断水的通路，以达到防水的目的，如止水带和空腔构造等。主要应用领域包括房屋建筑的屋面、地下、外墙和室内；城市道路桥梁和地下空间等市政工程；引水渠、水库、坝体、水力发电站及水处理等水利工程等。

（二）防水材料分类

我国建筑防水材料通常可分为五大类，即防水卷材、防水涂料、密封材料、刚性防水材料及堵漏止水材料。

从 20 世纪 50 年代我国开始应用沥青油毡卷材以来，沥青类防水材料就一直成为我国建筑防水材料的主导产品，无论是品种、质量还是产量都得到迅速发展。就目前我国新型防水材料总体结构比例上看，仍是以沥青基防水材料为主要产品，占全部防水材料的80％，高分子防水卷材占 10％左右，防水涂料及其他防水材料占 10％左右。

1. 防水卷材

防水卷材是由工厂生产的具有一定厚度的片状防水材料，因为它有相当的柔性，可以卷曲并按一定长度成卷出厂，故称之为卷材。

适用范围：防水卷材一般用于地下室基础防水、屋面防水。

性能特点：防水卷材具有优良的耐老化、耐穿刺、耐腐蚀性能；可以直接接触紫外线辐射、耐高温、低温性能良好，广泛用于屋面防水；又能耐各种酸碱的腐蚀，并具有优良的抗拉、抗震性能，所以广泛用于地下室基础防水。另外，因其抗撕抗拉能力强，各种上人屋面一般优先采用。

防水卷材分类如图 3-13 所示：

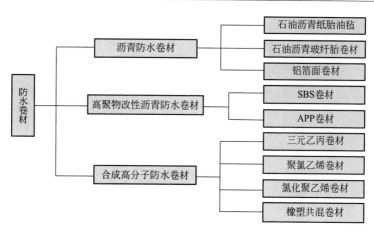

图 3-13　防水卷材分类

（1）沥青防水卷材

以玻纤布、聚酯布等为胎基，以沥青（或非高聚物材料改性的沥青）为浸涂层，表面覆以聚乙烯膜、铝箔、细纱、页岩片等覆面材料，经浸渍或滚压而成的片状防水材料。

代表产品有石油沥青纸胎油毡、石油沥青玻璃纤维胎防水卷材以及铝箔面石油沥青防水卷材等。

性能特点：由于沥青防水卷材的抗拉、抗震强度，以及温度适应性已渐不能满足现代建筑的需要，属于低档防水材料，已渐被淘汰。

（2）高聚物改性沥青防水卷材

以玻纤布、聚酯布或两种复合材料为胎基，以高聚物改性的沥青为浸涂层，表面覆以聚乙烯膜、铝箔、细纱、页岩片等覆面材料，经浸渍或滚压而成的片状防水材料。

高聚物改性沥青防水卷材有两大系列：弹性体系列和塑性体系列。弹性体系列的代表产品是 SBS 改性沥青防水卷材。塑性体系列的代表产品是 APP 改性沥青防水卷材。

与沥青防水卷材相比，改性沥青防水卷材的拉力强度、耐热度及低温柔性均有很大的提高，并有较高的不透水性和抗腐蚀性，加上价格适中，现已成为新型防水卷材的主导产品，也是我国目前大力推广应用的属于中高档的防水材料。

（3）合成高分子防水卷材

以合成橡胶、合成树脂或两种的共混体为基料，加入适量化学助剂和填充料等，经过塑炼、压延成型的防水材料。

合成高分子防水卷材主要有三大系列：橡胶型、树脂型、橡塑共混型。

橡胶型的代表产品是三元乙丙橡胶防水卷材。

树脂型的代表产品是聚氯乙烯防水卷材、氯化聚乙烯防水卷材。

橡塑共混型的代表产品是氯化聚乙烯-橡胶共混防水卷材。

合成高分子防水卷材有拉伸强度高、断裂伸长率大、抗撕裂强度高、耐高低温及耐老化性能好等优越性，属新型高档防水卷材，但由于其是冷粘法施工，工艺不成熟，因而渗漏水现象时有发生，另由于其造价昂贵，仅在某些有特殊要求的工程中有所应用。

2. 防水涂料

防水涂料（也称涂膜防水材料）是以液体高分子合成材料为主体，在常温下呈无定型

43

状态，用涂布的方法涂刮在结构物表面，经溶剂或水分挥发，或各组分间的化学反应，形成一层薄膜致密物质，具有不透水性、一定的耐候性及延伸性。

适用范围：防水涂料一般用于厨房、卫生间、墙面、楼地面的防水，用于地下室、屋面防水时应配合防水卷材使用。

性能特点：防水涂料不耐老化，抗拉、抗撕强度都无法和防水卷材相比，但由于防水涂料在施工固化前为无定形液体，对于任何形状复杂、管道纵横和变截面的基层均易于施工，特别是对阴、阳角、管道根、水落口及防水层收头部位易于处理，可形成一层具有柔韧性、无接缝的整体涂膜防水层。防水涂料广泛应用于厨房、卫生间以及立墙面的防水。

防水涂料分为如下几种类型（图 3-14）：

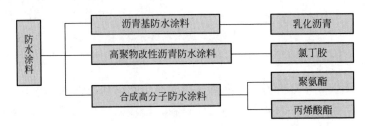

图 3-14　防水涂料分类

（1）沥青基防水涂料

以沥青为基料配制的水乳型或溶剂型的防水涂料，代表产品主要是乳化沥青。

（2）高聚物改性沥青防水涂料

以石油沥青为基料，用合成聚合物对其进行改性，加入适量助剂配制成的水乳型或溶剂型乳液，称为高聚物改性沥青防水涂料。

代表产品是氯丁橡胶沥青防水涂料。

（3）合成高分子防水涂料

以合成橡胶或合成树脂为原料，加入适量的活性剂、改性剂、增塑剂、防霉剂及填充料等辅助材料制成的单组分或双组分防水涂料。

代表产品是聚氨酯防水涂料、丙烯酸酯防水涂料。

由于合成高分子材料本身的优异性能，以它为原料制成的合成高分子涂料有高弹性、防水性、耐久性及优良的耐高低温性能，属高档防水涂料。

3. 密封材料

密封材料是指填充于建筑物的接缝、裂缝、门窗框、玻璃周边以及管道接头或与其他结构的连接处，能阻塞介质透过渗漏通道，起到水密、气密性作用的材料。密封材料应有较好的粘结性、弹性和耐老化性，长期经受拉伸和收缩以及振动疲劳等，仍能保持其良好的防水效果。

适用范围：一般用于接缝，或配合卷材防水层做收头处理。

性能特点：一般不大面积使用，利用其便于嵌缝处理的优点，配合防水卷材和涂料做节点部位的处理。

密封材料分为不定型密封材料和定型密封材料两大类。

（1）不定型密封材料，指膏糊状材料，如腻子、塑料密封膏、弹性或弹塑性密封膏或嵌缝膏。代表产品是聚氯乙烯密封膏（PVC 密封膏）、氯磺化聚乙烯密封膏（CSPE 密封膏）。

（2）定型密封材料，指根据密封工程的要求，制成带、条、垫形状的密封材料，专门处理建筑物或地下构筑物的各种接缝（如伸缩缝、施工缝及变形缝）。代表产品是止水带、遇水膨胀橡胶。

4. 刚性防水材料

刚性防水材料通常指防水混凝土与防水砂浆。它是指以水泥、砂、石为原料或掺入少量外加剂（防水剂）、高分子聚合物等材料，通过调整配合比，抑制或减少孔隙率，改变孔隙特征，增加各原材料界面间的密实性等方法配制成的具有一定抗渗能力的水泥砂浆、混凝土类防水材料。

适用范围：刚性防水材料一般用于蓄水种植屋面、水池内外防水、外墙面的防水和动静水压作用较大的混凝土地下室。

性能特点：一般配合柔性防水材料使用，达到刚柔相济的效果，实现优势互补。刚柔并用的做法在建筑防水工程中也占有较大的比重。

刚性防水材料有以下优点：

（1）有较高的抗压强度，且具有一定的抗渗能力，即可防水，又可兼作承重结构或围护结构。

（2）抗冻、抗老化性能优越，使用寿命可长达 20 年。

（3）发生渗漏时，易于查找渗漏点，便于修补。

（4）大多原材料为无机材料，不燃烧，无毒、无味，有一定的透气性。

（5）造价低，施工简便，工艺成熟，基层潮湿时刚性防水仍可施工。

刚性防水材料的缺点：

刚性防水材料的最大缺点是其抗拉强度低，抗变形能力差，常因干缩、地基沉降、基层振动变形、温差等因素使防水层出现裂缝。此外这类材料自重较大，使结构荷载增加。

（1）防水混凝土

可分为普通防水混凝土和外加剂防水混凝土两大类。

普通防水混凝土是通过调整配合比的方法来提高自身的密实性和抗渗性要求。

外加剂防水混凝土是在混凝土拌合物中掺入适量的不同类型减水剂、引气剂等外加剂，以提高其抗渗性能。

（2）防水砂浆

可分为普通防水砂浆、外加剂防水砂浆和聚合物防水砂浆三种。

普通防水砂浆是通过调整配合比的方法来提高抗渗性能。

外加剂防水砂浆是在水泥砂浆中掺入占水泥重量 5% 的无机盐或金属皂类防水剂。

聚合物防水砂浆是在水泥砂浆中掺入一定量的聚合物（如有机硅、氯丁胶乳、丙烯酸酯乳液等），使砂浆具有良好的抗渗、抗裂与防水性能。

5. 堵漏止水材料

堵漏止水材料可分为高效防水堵漏材料和常用化学灌浆堵漏材料。

（1）高效防水堵漏材料

高效防水堵漏材料是一种水硬性无机型胶凝材料，与水调和硬化后即具有防水、防渗性能。这种材料的外观一般为白色或灰色粉末状材料。其特点功能是：无毒无味、不污染环境；耐老化，施工方便，可在潮湿基面上施工，并有立刻止漏功效；粘结力强，能与砖、石、混凝土、水泥砂浆等牢固地结合成整体。

（2）常用化学灌浆堵漏材料

常用化学灌浆堵漏材料若按其材料分类，可分为丙烯酰胺类、环氧树脂类、甲基丙烯酸酯类和聚氨酯类等，这些材料都有一定的独特性能，使用时针对性很强，一般用于特殊的工程中。

第十节　给水排水管道

目前，乡村建设常用的给水排水管道主要有镀锌管、三型聚丙烯管（简称 PP-R 管）、以卫生级聚氯乙烯树脂为主料的管材（简称 PVC-U 管）；随着新型市政材料的不断研制，用于制作排水管道的材料也日益增多，如玻璃钢管、强化塑料管、聚氯乙烯管等，具有弹性好、耐腐蚀、自重轻、不漏水、管节长、接口施工方便等优点。下面介绍几种常用的给水排水管材。

（一）镀锌管

镀锌管，又称镀锌钢管，如图 3-15 所示，分热镀锌和电镀锌两种。热镀锌镀锌层厚，具有镀层均匀，附着力强，使用寿命长等优点。电镀锌成本低，表面不是很光滑，其本身的耐腐蚀性比热镀锌管差很多。

图 3-15　镀锌管

1. 主要分类

镀锌钢管分冷镀管、热镀管，前者已被禁用，后者还被国家提倡暂时能用。

热镀锌管是使熔融金属与铁基体反应而产生合金层，从而使基体和镀层二者相结合。热镀锌是先将钢管进行酸洗，为了去除钢管表面的氧化铁，酸洗后，在氯化铵或氯化锌水溶液或氯化铵和氯化锌混合水溶液槽中进行清洗，然后送入热浸镀槽中。热镀锌具有镀层均匀，附着力强，使用寿命长等优点。北方大部分工艺采用镀锌带直接卷管补锌工艺。

2. 主要用途

2000 年前所建的房子大部分使用的都是镀锌管，现在的煤气、暖气管也采用镀锌管。

镀锌管作为给水管，使用几年后，管内产生大量锈垢，流出的黄水不仅污染洁具，而且夹杂着不光滑内壁滋生的细菌，锈蚀造成水中重金属含量过高，严重危害人体的健康。六七十年代，国际上发达国家开始开发新型管材，并陆续禁用镀锌管。建设部等四部委也发文明确，从 2000 年起禁用镀锌管，目前，新建小区的冷水管已经很少使用镀锌管了。镀锌管现在主要用于输送煤气、暖气。

（二）PP-R 管

PP-R 管又称三型聚丙烯管，又叫无规共聚聚丙烯管，具有节能、节材、环保、轻质高强、耐腐蚀、内壁光滑不结垢、施工和维修简便、使用寿命长等优点。

PP-R 管广泛应用于建筑给排水、城乡给排水、城市燃气、电力和光缆护套、工业流体输送、农业灌溉等建筑业、市政、工业和农业领域。PP-R 管采用无规共聚聚丙烯，经挤出成为管材，注塑成为管件，如图 3-16 所示。

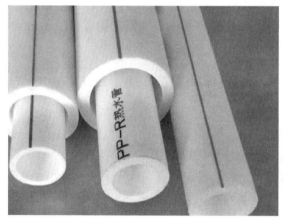

图 3-16　PP-R 管

1. PP-R 管特性

PP-R 管一般不会漏水，可靠度极高。但这并不是说 PP-R 水管是没有缺陷的水管，其耐高温性、耐压性稍差些，长期工作温度不能超过 70℃；PP-R 管每段长度有限，且不能弯曲施工，如果管道铺设距离长或者转角处多，在施工中就要用到大量接头；其管材便宜，但配件价格相对较高。从综合性能上来讲，PP-R 管是性价比较高的管材，所以成为家装水管改造的首选材料。

2. PP-R 管使用建议

一般在水电改造中，原有的水管都会更换，家装公司和商家建议装修者在安装 PP-R 管时全部选用热水管，即使是流经冷水的地方也用热水管。他们的说法是：由于热水管的各项技术参数要高于冷水管，且价格相差不大，所以水路改造都用热水管。

PP-R 管的管径（按照外径）可以从 20mm 到 160mm，家装中用到的主要是 20mm（PP-R 为 4 分管，与镀锌管有区别）、25mm（PP-R 为 6 分管，与镀锌管有区别）两种，其中 20mm 用到的更多些。如果经济允许，我们更建议用外径为 25mm 的 PP-R 管，尤其是进水的冷水管，因为现代家庭居住高度集中、用水器越来越多，同时用水的概率很高，这样会尽可能减小水压低、水流量小的困扰。

3. 管材区别

国内市场上曾出现一种 PP-C 管材、管件，其安装方法与 PP-R 一致。但在国际标准中，聚丙烯冷热水管分 PP-H、PP-B、PP-R 三种，没有 PP-C。此三种 PP 管的区别在于 PP-H、PP-B 和 PP-R 管材的刚度依次递减，冲击强度依次递增。

三种 PP 管材中，管材抗冲击性能 PP-R＞PP-B＞PP-H，管材热变形温度 PP-H＞PP-B＞PP-R，管材刚性 PP-H＞PP-B＞PP-R，管材常温爆破温度 PP-H＞PP-B 和 PP-R，管材耐化学腐蚀性 PP-H＞PP-B 和 PP-R。相对于其他 PP 管材，PP-R 管材的突出优点是既改善了 PP-H 的低温脆性，又在较高温度下（60℃）具有良好的耐长期水压能力，特别是用于热水管时，长期强度均较 PP-H 和 PP-B 好。

市场上的 PP-C 管实际上是 PP-B 管，其原料是嵌段共聚聚丙烯类管材专用料。PP-B 管是冷热水管的一种，价格比较便宜，其耐热、耐压性能与 PP-R 管的差距很大。

4. 使用注意事项

（1）PP-R 管较金属管硬度低、刚性差，在搬运、施工中应加以保护，避免不适当外力造成机械损伤，在暗敷后要标出管道位置，以免二次装修破坏管道。

（2）PP-R 管在 5℃ 以下存在一定低温脆性，冬期施工要当心，切管时要用锋利刀具缓慢切割。对已安装的管道不能重压、敲击，必要时对易受外力部位覆盖保护物。

（3）PP-R 管长期受紫外线照射易老化降解，安装在户外或阳光直射处必须包扎深色防护层。

（4）PP-R 管除了与金属管或用水器连接时使用带螺纹嵌件等机械连接方式外，其余均应采用热熔连接，使管道一体化，无渗漏点。

（5）PP-R 管的线膨胀系数较大（0.15mm/m·℃），在明装或非直埋暗敷布管时必须采取防止管道膨胀变形的技术措施。

（6）管道安装后在封管（直埋）及覆盖装饰层（非直埋暗敷）前必须试压。冷水管试压压力为系统工作压力的 1.5 倍，但不得小于 0.6MPa；热水管试验压力为工作压力的 2 倍，但不得小于 1.5MPa。试压时间与方法参照技术规程规定。

（三）PVC-U 管

PVC-U 管道是以卫生级聚氯乙烯（PVC）树脂为主要原料，加入适量的稳定剂、润滑剂、填充剂、增色剂等，经塑料挤出机挤出成型和注塑机注塑成型，通过冷却、固化、定型、检验、包装等工序以完成管材、管件的生产，如图 3-17 所示。PVC-U 管道和传统的管道相比，具有重量轻、耐腐蚀、水流阻力小、节约能源、安装迅捷、造价低等优点，受到大力推广应用，效益显著。我国从 20 世纪 80 年代开始，在市政工程及建筑工程中试点应用 PVC-U 管道，经过 10 多年的推广，PVC-U 管道得到长足发展。卫生、环保型 PVC-U 给水管道已不断取代高能耗、高污染、高造价、低卫生指标的传统管道，广泛应用于城镇自来水输水供水工程、建筑内外供水工程、工矿企业供水工程、地埋消防供水工程、农田水利输水灌溉工程、园林园艺绿化供水工程、水产养殖业供水排水工程等，并取得良好的经济效益和社会效益。

图 3-17　PVC-U 管

第十一节　保温隔热材料

保温隔热材料广义上是指应用于节能环保产业的相关材料。"十二五"规划纲要提出，节能环保产业重点发展高效节能、先进环保、资源循环利用的关键技术装备、产品和服务。

保温隔热材料主要用于屋面、墙面，常用的材料有：

1. 新型墙体材料

就其品种而言，新型墙体材料主要包括砖、块、板等，如黏土空心砖、掺废料的黏土砖、非黏土砖、建筑砌块、加气混凝土、轻质板材、复合板材等。这类材料主要通过材料自身的保温隔热特性形成自保温。

2. 保温隔热材料

墙体保温根据保温层位置的不同可分为：外墙外保温、内外保温和中空夹心复合墙体保温三种。

第四章 工程识图基本知识

建筑施工图是表示房屋的总体布局、建筑外形、内部布置以及细部内外装修、施工要求等内容的图样。

一套完整的建筑工程图纸包括：建筑效果图、建筑设计说明、建筑工程做法表、各层建筑平面图、建筑立面图、建筑剖面图、建筑详图等。本章以浙江省住房和城乡建设厅提供的《浙派民居——杭丘陵 01 号》建筑施工图为例进行讲解。

第一节 图纸的认知

图纸注有相应规定的幅面、尺寸和相应比例尺寸、标高、索引符号、建筑构件和材料图例等的注写及轴线的定位。

(一) 图纸幅面及尺寸

标准图纸一般宽度方向较长，高度方向较短，也叫作"横式"幅面图纸。按图框大小分，有 A0、A1、A2、A3、A4 五种标准幅面，A4 图纸一般为立式布置。标准幅面图纸必要时还可以加长。图纸幅面布置及图框大小如图 4-1 所示，标准幅面图纸尺寸见表 4-1。

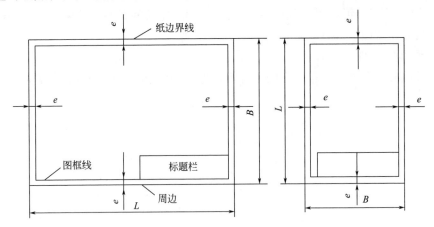

图 4-1　图纸幅面布置及图框大小示意图

表 4-1　标准幅面图纸尺寸（mm）

幅面代号		A0	A1	A2	A3	A4
B×L		841×1189	594×841	420×594	297×420	210×297
边框尺寸	a	25				
	c	10			5	
	e	20			10	

（二）比例

图纸的比例，是图面中所绘制的图形尺寸与建筑实物尺寸之比，一般采用数字之比来表示。如比例为 1：100 的建筑图纸，就表示图面上的 1mm 代表实际长度 100mm，或图面上的 1cm 代表实际长度 100cm。也可以说，我们把实际建筑物缩小了 100 倍后绘制在图纸上。比例的注写方式如图 4-2、图 4-3 所示。

图 4-2　平面图比例的注写

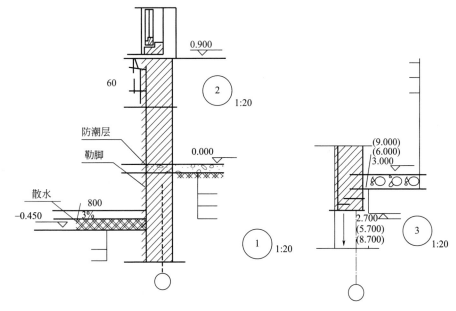

图 4-3　详图比例的注写

51

常用建筑比例除了 1∶100 外，还有 1∶200、1∶50、1∶20 等。

（三）轴线

建筑图中的轴线是施工定位、放线的重要依据。凡承重墙、柱、梁或屋架等主要承重构件的位置一般都有轴线编号，凡需确定位置的建筑局部或构件，都应注明其与附近主要轴线的尺寸。

定位轴线采用点画线绘制，端部是圆圈，圆圈内注明轴线编号。平面图中定位轴线的编号，横向（水平方向）用阿拉伯数字由左至右依次编号，竖向用大写英文字母从下至上依次编号。字母 I、O、Z 一般不得用作轴线编号。当有附加轴线需要定位时，应采用分数形式表示，如图 4-4、图 4-5 所示。

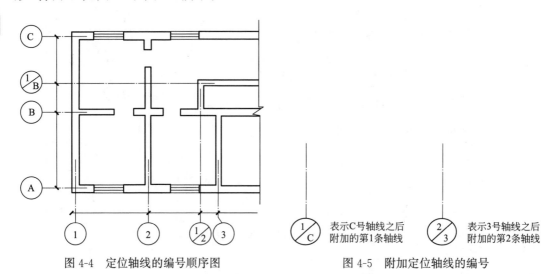

图 4-4　定位轴线的编号顺序图　　　　　　图 4-5　附加定位轴线的编号

（四）尺寸、标高

1. 尺寸单位：

（1）米（m）　用于标高及总平面图。

（2）毫米（mm）　除标高及总平面图外。

2. 标高定义：是标注建筑物某一部位高度的一种尺寸形式。

（1）绝对标高：我国把黄海海平面作为零点所测定的高度尺寸。

（2）相对标高：凡标高的基准面是根据工程需要而自行选定的。

一般把房屋底层室内主要地面定为相对标高的零点。

3. 标高符号（图 4-6）。

用于个体建筑标高　　　　　　　　　用于总平面图标高

图 4-6　标高符号

4. 标高数字：总平面图标注到小数点后两位，其余标注到小数点后三位（图 4-7）。

| ±0.000 | 3.000 | −3.000 |
| 基准面处 | 基准面以上 | 基准面以下 |

图 4-7　标高数字标注

（五）索引符号与详图符号

图样中的某一局部或构件，如需另见详图，应以索引符号索引（图 4-8）。

索引符号是由直径为 10mm 的圆和水平直径组成，圆及水平直径均应以细实线绘制。

1. 索引出的详图如与被索引的详图同在一张图纸内，应在索引符号的上半圆中用阿拉伯数字注明该详图的编号，并在下半圆中间画一段水平细实线。

2. 索引出的详图如与被索引的详图不在同一张图纸内，应在索引符号的上半圆中用阿拉伯数字注明该详图的编号，在索引符号的下半圆中用阿拉伯数字注明该详图所在图纸的编号，数字较多时，可加文字标注。

3. 索引出的详图如采用标准图，应在索引符号水平直径的延长线上加注该标准图册的编号。

4. 索引符号如用于索引制视详图，应在被制切的部位绘制制切位置线，并以引出线引出索引符号，引出线所在的一侧应为投射方向。索引符号的编写同以上规定。

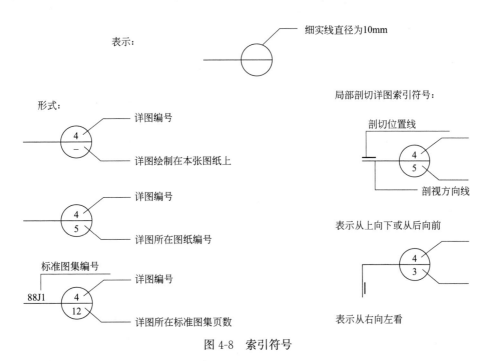

图 4-8　索引符号

（六）常用建筑构件和材料图例（表 4-2）

表 4-2　常用建筑构件和材料图例

序号	名称	图例	备注
1	自然土壤		包括各种自然土壤
2	夯实土壤		
3	砂、灰土		靠近轮廓线绘较密的点
4	砂砾石、碎砖 三合土		—
5	石材		—
6	毛石		—
7	普通砖		包括实心砖、多孔砖、砌块等砌体。断面较窄不易绘出 图例线时，可涂红
8	耐火砖		包括耐酸砖等砌体
9	空心砖		指非承重砖砌体
10	饰面砖		包括铺地砖、马赛克、陶瓷锦砖、人造大理石等
11	焦渣、矿渣		包括与水泥、石灰等混合而成的材料
12	混凝土		(1)本图例指能承重的混凝土及钢筋混凝土 (2)包括各种强度等级、骨料、添加剂的混凝土 (3)在剖面图上画出钢筋时，不画图例线 (4)断面图形小，不易画出图例线时，可涂黑
13	钢筋混凝土		—
14	多孔材料		包括水泥珍珠岩、沥青珍珠岩、泡沫混凝土、非承重加气 混凝土、软木、蛭石制品等
15	纤维材料		包括石棉、岩棉、玻璃棉、麻丝、木丝板、纤维板等
16	泡沫材料		包括聚苯乙烯、聚乙烯、聚氨酯等多孔聚合物类材料

序号	名称	图例	备注
17	木材		(1)上图为横断面,上左图为垫木、木砖或木龙 (2)下图为纵断面
18	胶合板	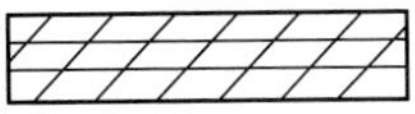	应注明×层胶合板
19	石膏板	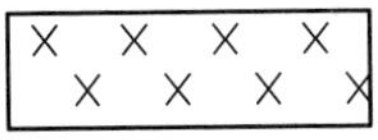	包括圆孔、方孔石膏板、防水石膏板等
20	金属	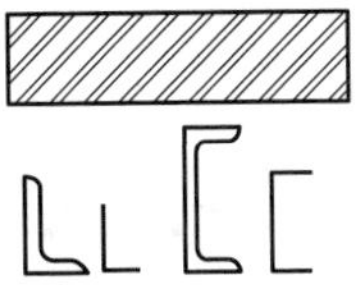	(1)包括各种金属 (2)图形小时,可涂黑
21	网状材料		(1)包括金属、塑料网状材料 (2)应注明具体材料名称
22	液体	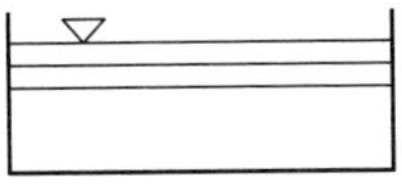	应注明具体液体名称
23	玻璃	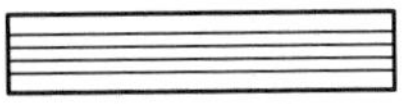	包括平板玻璃、磨砂玻璃、夹丝玻璃、钢化玻璃、中空玻璃、夹层玻璃、镀膜玻璃等
24	橡胶	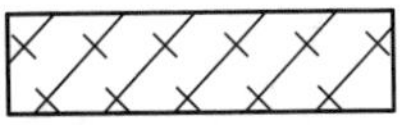	—
25	塑料	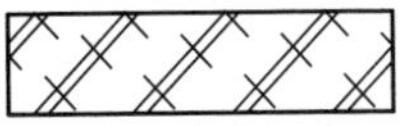	包括各种软、硬塑料及有机玻璃等
26	防水材料		构造层次多或比例大时,采用上面图例
27	粉刷		本图例采用较稀的点
28	毛石混凝土		—
29	新设计建筑物	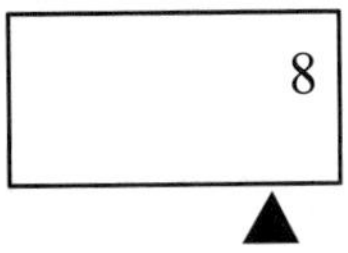 8	(1)需要时,可用于表示出入口,可在图形内右上角用点数或数字表示层数 (2)建筑物外形(一般以±0.00高度处的外墙定位轴线或外墙面线为准)用粗实线表示,需要时,地面以上建筑用中粗实线表示,地面以下建筑用细虚线表示
30	原有建筑物	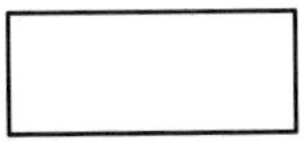	用细实线表示
31	计划扩建的建筑物		用中虚线表示

55

续表

序号	名称	图例	备注
32	拆除的建筑物		用细实线表示
33	道路		—
34	砖石、混凝土围墙		—

第二节　建筑施工图的识读

建筑施工图的识读，是乡村建设工匠必须掌握的基本技能，只有掌握了这一基本技能，方能将图纸转化为实物。

1. 识图的方法

识图的方法归纳起来是六句话：由外向里看，由大到小看，由粗到细看，图示与说明穿插看，建筑施工图与结构施工图对着看，水电设备最后看。

一套图纸到手后，先把图纸分类，如建筑施工图、结构施工图、水电设备安装图和相配套的标准图等，看过全部的图纸后，对该建筑物就有了一个整体的概念。然后再有针对性地细看本工种的内容。如砌筑工要重点了解砌体基础的深度、大放脚情况、墙身情况、使用的材料、砂浆类别，是清水墙还是混水墙，每层层高，圈梁、过梁的位置，门窗洞口位置和尺寸，楼梯和墙体的关系，特殊节点的构造，厨卫间的要求，哪些位置要预留孔洞和预埋件等。

2. 识图的要点

全套图纸不能孤立地看单张图纸，一定要注意图纸的联系。

识图要点如下：

（1）平面图

1）从首层看起，逐层向上直到顶层。首层平面图要详细看，这是平面图最重要的一层。

2）看平面图的尺寸，先看控制轴线间的尺寸。把轴线关系搞清楚，弄清开间、进深的尺寸和墙体的厚度、门垛尺寸，再看外形尺寸，逐间逐段核对有无差错。

3）核对门窗尺寸、编号、数量及其过梁的编号和型号。

4）看清楚各部位的标高，复核各层标高并与立面图、剖面图对照是否吻合。

5）弄清各房间的使用功能，加以对比，看是否有什么不同之处，及墙体、门窗增减情况。

6）对照详图看墙体、柱、梁的轴线关系，是否有偏心轴线的情况。

（2）立面图

1）对照平面图的轴线编号，看各个立面图的表示是否正确。

2）将正、背、左、右四个立面图对照起来看，看是否有不交圈的地方。

3）看立面图中的标高是否正确。

4）弄清外墙装饰所采用的材料及使用范围。

（3）剖面图

1）对照平面图核对相应剖面图的标高是否正确，垂直方向的尺寸与标高是否符合，门窗洞口尺寸与窗标的数字是否吻合。

2）对照平面图校核轴线的编号是否正确，制切面的位置与平面图的制切符号是否符合。

3）核对各层墙身、楼地面、屋面的做法与设计说明是否矛盾。

（4）详图

1）查对索引符号，明确使用的详图，防止差错。

2）查找平、立、剖面图上的详图位置，对照轴线仔细核对尺寸、标高，避免错误。

3）认真研究细部构造和做法，看选用材料是否科学，施工操作有无困难。

3. 建筑效果图

建筑效果图就是把环境景观建筑用写实的手法通过图形的方式进行传递，就是在建筑、装饰施工之前，通过施工图纸，把施工后的实际效果、场景环境等用近乎真实和直观的立体视图一道呈现出来，让大家能够一目了然地看到施工后的实际效果，如图 4-9 所示。

图 4-9 某农居效果图

4. 建筑设计说明

建筑设计说明主要说明了：设计依据、项目概况的情况及设计标高及单体定位、墙体及楼地面、防水工程、建筑装修、门窗工程、外装工程、油漆涂料工程、室外工程等的执行标准与施工注意事项，如图 4-10 所示。

5. 工程做法表

工程做法表主要说明了各分部分项工程的具体施工方法与要求，如图 4-11 所示。

6. 建筑平面图

建筑平面图是建筑施工图中最重要、最基本的图纸之一，用以表示建筑物各层的平面形状和布局，是施工放线、墙体砌筑、门窗安装、室内外装修的依据。

58

建筑设计说明(一)

1 设计依据

1.1 建设方的设计委托及设计要求。

1.2 现行的国家有关建筑设计规范、规程和规定。

《民用建筑设计通则》	GB50352-2005	《浙江省标准居住建筑节能设计标准》	DB33/1015-2015
《建筑设计防火规范》	GB50016-2014	《建筑玻璃应用技术规程》	JGJ113-2015
《住宅设计规范》	GB50096-2011	《住宅建筑规范》	GB50011-2010
《住宅建筑规范》	GB50368-2005	《屋面工程技术规范》	GB50345-2012
《无障碍设计规范》	GB 50763-2012	《绿色建筑设计标准》	DB33/1092-2016

2 项目概况

2.1 本工程为杭州市富阳区农居设计通用图,户型2017-17

2.2 本工程建筑面积348平方米,建筑层数三层,建筑高度10.05米。

2.3 建筑结构形式为钢筋混凝土结构,建筑结构的抗震分类别为丙类,使用年限为50年,抗震设防烈度7度。

2.4 屋面防水等级为二级。

2.5 防火设计的建筑分类为二类,其耐火等级为二级。

3 设计标高及单体定位

3.1 本工程±0.000由现场确定。

3.2 各层标高均为完成面标高(建筑标高),屋面标高均为结构面标高;

3.3 本工程标高以m为单位,其它尺寸以mm为单位;

4 墙体及楼地面

4.1 本墙体均为页岩多孔砖,砌筑砂浆要见结构图。无特殊说明时墙体定位均为轴线居中。

4.2 钢筋混凝土墙体厚度及构造柱详见结构图。

4.3 填充墙和轻质混凝土墙(蒸)的连接构造详见结构图。填充墙与墙板接触时,应待砌砌块,砂浆应灰,保证砌块与梁板接触严密,填充隔墙均匀砌至梁板或成屋底。

4.4 窗洞口两侧深埋C20砼块锚固窗框或在砌筑空心砌时,在锚固处用C20砼模实砌块孔洞。

4.5 凡砖墙、轻质墙上墙洞费同时详见施工措施图;钢筋混凝土墙上预留洞剥洞同时详见施工措施图和结构图;洞口尺寸表示为宽X高,注明距墙体尺寸者表示与邻墙边建筑完成面之间的距离。施工应密切配合各工种的施工及核对准确。

4.6 不同墙体的连接处挂发商增强带≥300mm宽钢丝网或耐碱网格布一层,并钉牢后进行抹灰。

4.7 墙身防潮层:室内地坪下均60mm处做20厚1:2水泥砂浆内掺5%(水泥重)防水剂的墙身防潮层(此标高处为钢筋砼构造或砌体构造时可不用);当墙身两侧室内地坪有高差时,应在高差范围墙的内侧做20厚1:2砂浆防潮层,如埋土侧直至20厚聚氨酯防水涂料。

4.8 卫生间、阳台、露台至水泥砂做台,墙面地坪应200高C25石砼翻边。

4.9 内墙阳台、内门及门洞侧均设1800高,50宽,15厚1:3水泥砂浆护角。

4.10 预留架的措施:混凝土墙面的封堵与结底,其余砌筑墙留剥待修整设备安装完毕前,用C15细石混凝土填实;变剥堵块及双墙留洞穿管,应在双墙分剔堵密布,善管与穿墙管之间需浆填成A阻燃放性防火材料,防水墙上留洞的封堵为防水材料。

4.11 楼板留剥孔剔要求详位置及数量,需详图。厕所、阳台、孔洞及管道穿过时用C20细石混凝土浇灌严密,且有防水要求的周四周与找平层及附性防水层之间回槽嵌填防水材料,且管道周围的找平层加大精水浓度涂满发性防水防加卷与防水层固定完整。水泽口周围500宽范围的坡度不小于5%。

4.12 混凝土墙体及墙体上的预留剥洞及需在施工前预留,不得事后剔凿。

4.13 阳台、卫生间立管凡管道都部位必须做素混凝土止水坎(见图)

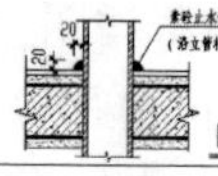

5 防水工程

5.1 屋面防水:

(1)、防水等级:屋面防水等级为二级,屋面防水层合理使用年限50年,设防做法详各屋面材料做法。

(2)、屋面柔性防水水层在女儿墙和突出屋面结构的交接处均做泛水其表高度≥360。屋面转角处、檐沟、天沟、直式和横式水漏口用圆,及屋面设施下等处做附加增强层(涂膜无胎无织布)。出屋面管或成水浊口下穿管时,安装后用石混凝土封严,管根四周与找平层及附性防水层之间回槽嵌填密材料,且管道周围的找平层加大精水浓度涂满发性防水防加卷与防水层固定完整。水泽口周围500宽范围的坡度不小于5%。

(3)、防水柔性平层应做分格,其缝隙横向间距≤6米,纵向距离≤4米,间缝宽度应留置大于未来变形,分格缝应留置留凸。

(4)、配筋细石混凝土水层及女儿墙、山墙交接处20宽缝隙并填缝合成高分子密封材料;板中留分格缝,分格缝间距<6米,缝宽20,缝隙网片剪开,缝的表缝缝合成高分子密封材料。

| 户型2017-17 | 建筑设计说明(一) | J-01 |

A3 297×420

注:CAD图表中的砼代表混凝土。

图 4-10 某农居建筑设计说明

工程做法表一

编号	名 称	做 法	编号	名 称	做 法	编号	名 称	做 法
地面-1	卫生间 (自上而下)	1 10厚防滑地砖,干水泥擦缝 2 20厚1:3干硬性水泥砂浆结合层,表面撒水泥粉 3 1.5厚聚氨酯防水涂料,四周沿墙上翻 300高 4 1:3水泥砂浆找坡平(最薄处15厚) 5 水泥浆一道(内掺建筑胶) 6 100厚C15混凝土垫层 7 素土夯实	楼面-2	卫生间外楼面 (结构降板楼面) (自上而下)	1 10厚防滑地砖,干水泥擦缝 2 20厚1:3干硬性水泥砂浆结合层,表面撒水泥粉 3 1.5厚聚氨酯防水涂料,四周沿墙上翻1800高 4 刷基层处理剂一遍 5 20厚1:3水泥砂浆找平 6 X厚LC7.5轻骨料混凝土填充找坡找找,较向地面 7 0.7厚聚乙烯丙纶复合防水卷材用1.3厚专用粘料满粘(基层处理平整) 8 现浇钢筋混凝土楼板	顶棚-3	其余顶棚 (自上而下)	1 35厚1:4水泥石灰砂打底扫毛或划出纹道 2 4厚1:0.5:3水泥石灰砂找浆找平 3 清理找灰尘面,满刷氯子一遍 4 刷底漆一遍 5 乳胶漆两遍
						顶棚-3		1 钢筋混凝土楼板,表面清扫干净 2 素水泥浆一道甩毛(内掺建筑胶) 3 5厚1:4水泥石灰砂浆打底扫毛或划出纹道 4 3厚1:0.5:3水泥石灰砂浆找平
地面-2	一层其余地面 (自上而下)	1 装修层,甲方自理 2 20厚1:2.5水泥砂浆分层抹面压光 3 水泥浆一道(内掺建筑胶) 4 100厚C15混凝土垫层 5 素土夯实	楼面-3	楼梯间楼面 (自上而下)	1 装修层,甲方自理 2 20厚1:2水泥砂浆抹面压光 3 素水泥浆一道甩毛(内掺建筑胶) 4 钢筋混凝土楼板,表面清扫干净	墙-1	室内水泥砂浆踢脚 (120高)	1 基层墙体 2 刷专用界面剂一遍 3 7厚1:3水泥石灰砂浆打底扫毛或划出纹道 4 素水泥浆一道 5 6厚1:2.5水泥砂浆抹面实红光
			楼面-3	其余楼面 (自上而下)	1 装修层,由用户自理 2 20厚1:2水泥砂浆抹面压光 3 素水泥浆一道甩毛(内掺建筑胶) 4 钢筋混凝土楼板,表面清扫干净	屋面-1	上人或不上人屋面 (有保温层) (自上而下)	1 50厚C20石混凝土(内配Φ6@200双向钢筋) 2 10厚M2.5砂浆隔离层 3 3厚APE-500水泥砂浆找平 4 素水泥浆一道 5 50厚挤塑聚苯板(燃烧性能等级为B1级) 6 20厚1:2.5水泥砂浆找平 7 30厚(最薄处)轻集料混凝土找坡2% 8 钢筋混凝土屋面板,表面清扫干净
楼面-1	卫生间楼面 (自上而下)	1 10厚防滑地砖,干水泥擦缝 2 20厚1:3干硬性水泥砂浆结合层,表面撒水泥粉 3 1.5厚聚氨酯防水涂料,四周沿墙上翻800高 4 1:3水泥砂浆找坡层找平(最薄处15厚) 5 水泥浆一道(内掺建筑胶) 6 现浇钢筋混凝土楼板	顶棚-1	卫生间顶棚 (自上而下)	1 钢筋混凝土楼板,表面清扫干净 2 素水泥浆一道甩毛(内掺建筑胶) 3 5厚1:4水泥砂浆打底扫毛或划出纹道 4 3厚1:3水泥砂浆找平			
			顶棚-2	楼梯间顶棚	1 钢筋混凝土楼板,表面清扫干净 2 素水泥浆一道甩毛(内掺建筑胶)			

| 户型2017-17 | 工程做法表一 | J-04 |

A3 297×420

图 4-11 某农居工程做法表

（1）平面图的产生

假想用一个水平剖切平面沿房屋门窗洞口的位置把房屋切开，移去上部之后，对剖切平面以下部分做出水平投影图，称为建筑平面图，简称平面图，如图4-12所示。

（2）建筑平面图一般包括以下几方面的内容，如图4-13所示：

1）通过图名可以了解这个建筑平面图表示的是房屋的哪一层平面。平面图的比例根据房屋的大小和复杂程度而定，常用比例为1∶50、1∶100、1∶200。

2）建筑物的朝向、平面形状、内部布置及分隔、墙、柱的位置。

3）建筑纵横向定位轴线及其编号。

4）门窗的种类及编号，门窗洞口的位置及开启方向。

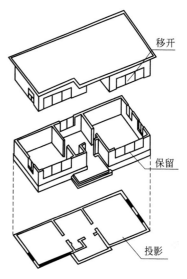

图 4-12 平面图的产生

5）尺寸标注，包括外部尺寸、内部尺寸及竖向标高等。

6）剖面图的剖切位置、剖视方向、编号等。

7）附属构件、配件及其他设施的定位，如阳台、雨篷、台阶、散水、卫生器具等。

8）有关标准图及大样图的详图索引。

7. 建筑立面图

为了表示房屋的外貌，通常将房屋的四个主要墙面向与其平行的投影面投射，以此绘制的图纸称为建筑立面图。立面图绘制比例一般与平面图的比例一致，如图4-14所示。

建筑立面图包括以下几方面的内容：

（1）室外地面以上建筑物的外轮廓、台阶、勒脚、外门、雨篷、阳台、各层窗户、挑檐、女儿墙、雨水管等位置。

（2）外墙面装饰情况，包括所用材料、颜色、规格等。

（3）室内外地坪、楼层、屋面、女儿墙等主要部位的标高及必要的高度尺寸。

（4）有关部位的详图索引，如一些装饰、特殊造型等。

（5）立面左右两端的轴线标注。

8. 建筑剖面图

假想采用一个铅垂剖切面将整栋房屋竖向剖开，所得到的投影图称为建筑剖面图。绘制比例一般与平面图、立面图的比例一致，如图4-15所示。

建筑剖面图主要包括以下几方面的内容：

（1）表明制切到的室内外地面、楼面、屋面、内外墙及门窗、过梁、图梁、楼梯及平台、雨篷、阳台等。

（2）表明主要承重构件的相互关系，如各层楼面、屋面、梁、板、柱、墙的相互位置关系。

（3）标高及相关竖向尺寸。

60

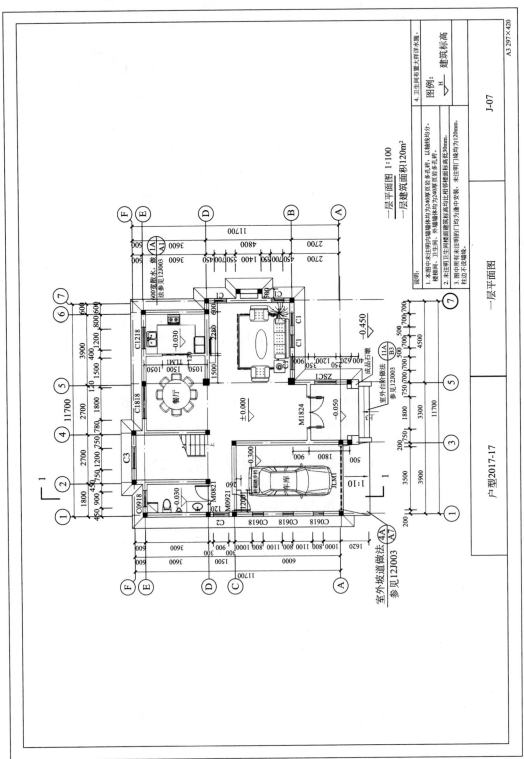

图 4-13 某农居平面图

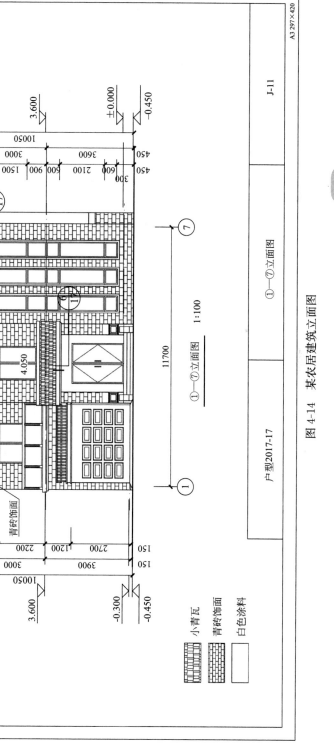

图 4-14　某农居建筑立面图

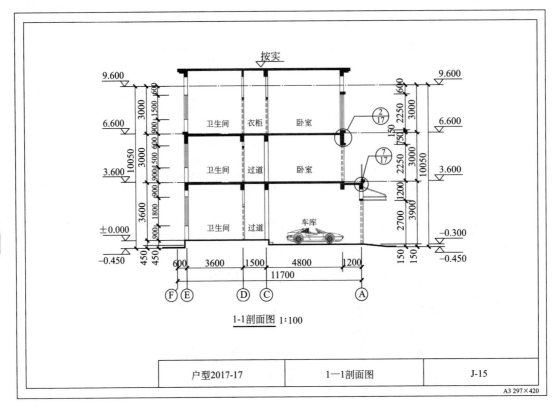

图 4-15 某农居剖面图

9. 建筑详图

建筑平、立、剖面反映了房屋的全貌，但由于绘图的比例小，一些细部的构造、做法、所用材料不能直接表达清楚，为了适应施工的需要，需将这些部分用较大的比例单独画出，这样的图称为建筑详图，简称详图。

需要绘制的详图包括：墙身详图、楼梯详图、门窗详图等。

（1）墙身大样图（节点详图）

墙身大样图实际上是节点详图，主要表达地面、楼面、屋面等处的构造，楼板与墙体的连接形式以及门窗洞口、窗台、勒脚、防潮层、散水等细部做法，如图 4-16 所示。

（2）楼梯详图

楼梯详图上应画出楼梯平面图、楼梯侧面图，某些细部仍未表达清楚的地方，还应针对这些局部进一步画出局部详图，如图 4-17 所示。

楼梯平面图是楼梯间部分的局部放大图。

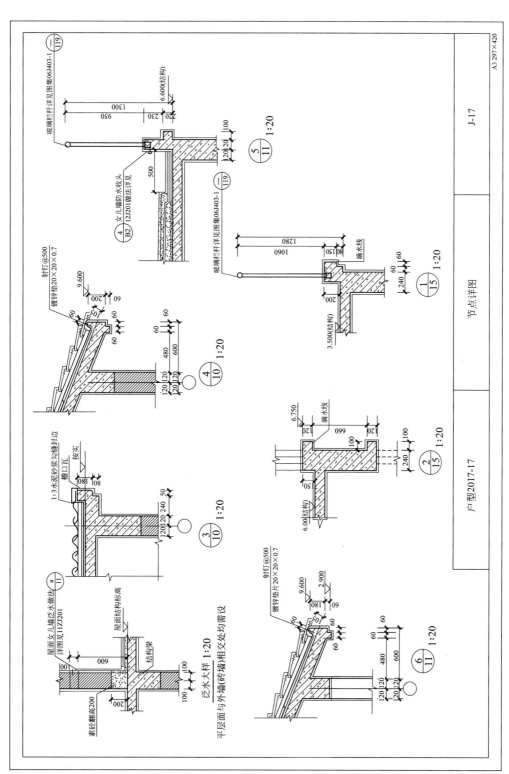

图 4-16 某农居墙身大样图

64

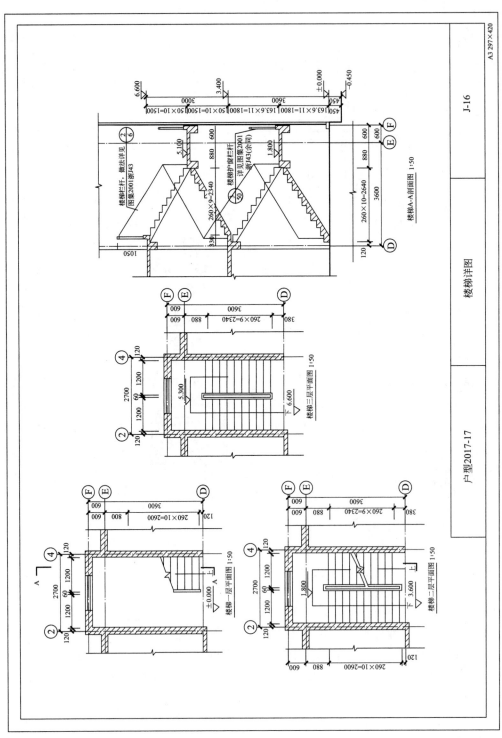

图 4-17 某农居楼梯详图

第三节　建筑面积测量

房屋建筑面积是检查审批成果的重要指标之一。房屋建筑面积为各层建筑面积，包括地下室面积的总和。计算建筑面积的范围，应按国家颁发的《建筑工程建筑面积计算规范》（GB/T 50353—2013）和《民用建筑通用规范》（GB 55031—2022）执行，建筑面积测算的内容如下。

(一) 面积测算

面积测算系指水平面积测算，分为房屋面积和用地面积测算两类。其中，房屋面积测算包括房屋建筑面积、共有建筑面积、产权面积、使用面积等测算。

(二) 房屋建筑面积

房屋的建筑面积系指房屋（包括墙体）所形成的楼地面面积。包括阳台、挑廊、地下室、室外楼梯等。

(三) 面积测算要求

各类面积测算必须独立测算两次，其较差应在规定的限差以内，取中数作为最后结果。量距应使用经检定合格的卷尺或其他能达到相应精度的仪器和工具。面积以平方米为单位，取至 $0.01\mathrm{m}^2$。

(四) 建筑面积计算规则

1. 建筑面积应按建筑每个自然层楼（地）面处外围护结构外表面所围空间的水平投影面积计算。

2. 总建筑面积应按地上和地下建筑面积之和计算，地上和地下建筑面积应分别计算。

3. 室外设计地坪以上的建筑空间，其建筑面积应计入地上建筑面积；室外设计地坪以下的建筑空间，其建筑面积应计入地下建筑面积。

4. 永久性结构的建筑空间，有永久性顶盖、结构层高或斜面结构板顶高在 2.20m 及以上的，应按下列规定计算建筑面积：

(1) 有围护结构、封闭围合的建筑空间，应按其外围护结构外表面所围空间的水平投影面积计算；

(2) 无围护结构、以柱围合，或部分围护结构与柱共同围合，不封闭的建筑空间，应按其柱或外围护结构外表面所围空间的水平投影面积计算；

(3) 无围护结构、单排柱或独立柱、不封闭的建筑空间，应按其顶盖水平投影面积的 1/2 计算；

(4) 无围护结构、有围护设施、无柱、附属在建筑外围护结构、不封闭的建筑空间，应按其围护设施外表面所围空间水平投影面积的 1/2 计算。

5. 阳台建筑面积应按围护设施外表面所围空间水平投影面积的 1/2 计算；当阳台封闭时，应按其外围护结构外表面所围空间的水平投影面积计算。

6. 下列空间与部位不应计算建筑面积：

（1）结构层高或斜面结构板顶高度小于 2.20m 的建筑空间；

（2）无顶盖的建筑空间；

（3）附属在建筑外围护结构上的构（配）件；

（4）建筑出挑部分的下部空间；

（5）建筑物中用作城市街巷通行的公共交通空间；

（6）独立于建筑物之外的各类构筑物。

7. 功能空间使用面积应按功能空间墙体内表面所围合空间的水平投影面积计算。

8. 功能单元使用面积应按功能单元内各功能空间使用面积之和计算。

9. 功能单元建筑面积应按功能单元使用面积、功能单元墙体水平投影面积、功能单元内阳台面积之和计算。

第五章 施工技术要点

第一节 地基基础施工

（一）地基基础施工流程

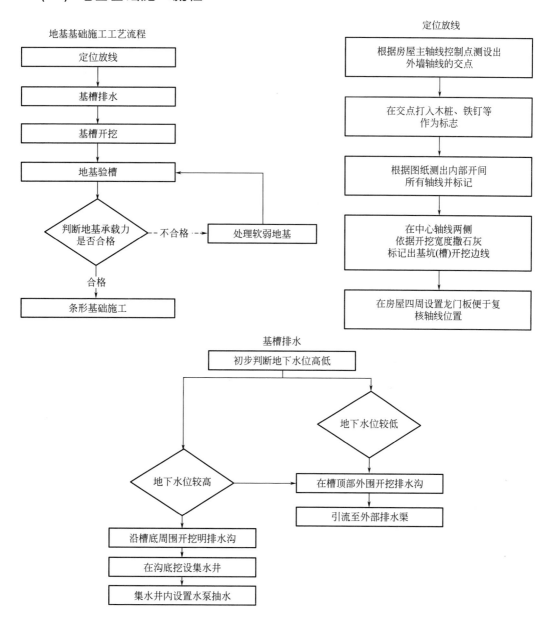

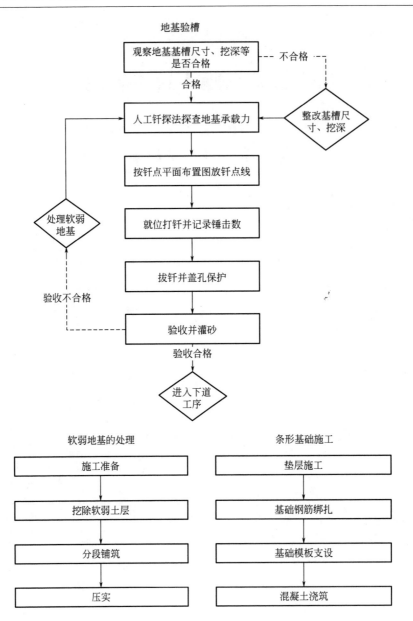

(二) 地基基础施工要点

1. 定位放线

(1) 根据房屋主轴线控制点,将外墙轴线的交点用木桩测设在地面上,并在桩顶钉上木桩、铁钉作为标志。

(2) 房屋外墙轴线测定以后,根据建筑物平面图,将内部开间所有轴线都一一测出。

(3) 根据计算的开挖宽度在中心轴线两侧用石灰在地面上撒出基槽开挖边线。

(4) 在房屋四周设置龙门板,便于基础施工时复核轴线位置,如图 5-1、图 5-2 所示。

(5) 其他注意事项。在基槽放线时,为了防止雨水渗入到基础下面导致基础变形,常常将基槽向室外延伸出一段,以中线为标准时,室外占 60%,室内占 40%。如 1m 宽的基槽,以中线向外量 600mm,向室内量 400mm,分别作为室外、室内基槽的边线。

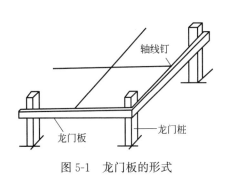

图 5-1　龙门板的形式

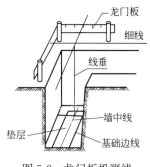

图 5-2　龙门板投测线

2. 基槽排水

为了保证施工的正常进行，防止边坡塌方和地基承载能力下降，必须做好基坑（槽）的排水工作，如图 5-3 所示。

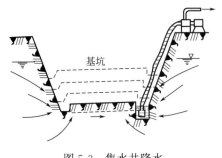

图 5-3　集水井降水

排水沟及集水井的挖设应注意以下事项：

（1）明沟排水的纵坡宜控制在 1‰～2‰。

（2）集水井应根据地下水量、基坑平面形状及水泵能力，每隔 20～40m 设置一个。

（3）集水井的直径或宽度一般为 0.7～0.8m。

（4）排水沟的深度随着挖土的加深而加深，要始终低于挖土面 0.8～1.0m。

（5）集水井井壁可用竹、木等简易加固。

（6）当基坑挖至设计标高后，井底应低于坑底 1～2m，并铺设 0.3m 碎石滤水层，以免抽水时将泥沙抽出，并防止井底的土被搅动。

3. 基槽开挖

对于农村建筑，大多以条形基础为主。施工时为了防止塌方，保证施工安全，在基坑（槽）开挖深度超过一定限度时，土壁应做成有斜率的边坡，或者加临时支撑以保持土壁的稳定。

（1）基坑（槽）开挖时采用反铲挖掘机等机械开挖或人工开挖，人工辅助修坡修底，基坑（槽）开挖尺寸要考虑两侧要比基础宽度各多 300～500mm，必要时还需考虑基坑（槽）排水沟的宽度和集水井的位置。

（2）土方开挖应遵循"开槽支撑，先撑后挖，分层开挖，严禁超挖"的原则。开挖基坑（槽）应按规定的尺寸确定合理开挖顺序和分层开挖深度，连续进行施工，尽快完成。

4. 地基验槽

验槽方法通常采用观察法，而对于基底以下的土层不可见部位，要辅以钎探法配合共同完成。

验槽时应重点观察柱基、墙角、承重墙下或其他受力较大部位，如有异常应进行软弱部位处理，直至地基承载力合格，方可进行下一步施工。

5. 软弱地基处理

为了保证农房基础施工的质量，需要采取软基处理技术对软基进行处理。

（1）施工准备。首先要进行砂子和砂石的选择，选用级配良好、质地坚硬的中砂、粗砂、石屑为宜；保证槽底平稳，没有任何杂质，无积水；准备相关的机械设备，如打夯机等。

（2）挖除软弱土层。对软弱土层、小窝潭、砂窝或石子成堆的区域进行挖除处理。

（3）分段铺筑。针对挖除区域，使用级配均匀的砂石，对换土区域进行分段填筑。

（4）压实。采用小型夯实机进行夯实，若需换填区域的土层较厚，应进行分层填筑、分层压实。

6. 条形基础施工

（1）地基验槽后立即进行垫层混凝土施工，混凝土垫层施工时必须设置标高控制桩，标高控制桩司距不大于 2m。垫层须平整、密实。

（2）垫层混凝土达到 1.2MPa 后，应按轴线弹线。条形基础在 T 字形或十字形交界处的钢筋应沿个主力方向通长放置。

（3）钢筋绑扎前与模板安装后应分两次检查、核对轴线与标高，各类基础均应设置水平桩或弹上线。

（4）浇筑混凝土前必须清除模板内的木眉、泥土、烟蒂等杂物，清除积水。

第二节 砌筑与抹灰工程施工

（一）砌筑与抹灰工程施工流程

1. 砖基础砌筑施工流程

墙面浇水 → 吊垂直抹灰饼 → 做护角 → 抹窗台 → 墙面充筋 → 抹灰 → 抹罩面

2. 砖墙砌筑施工流程

砖浇水 → 砂浆搅拌 → 挂线 → 砌砖 → 留槎 → 安装过梁

3. 沟渠施工流程

定位 → 沟槽开挖 → 拌制砂浆 → 砖砌沟壁 → 混凝土压顶 → 安装盖板 → 沟边回填

4. 抹灰施工流程

基层处理 → 浇水湿润 → 抹灰饼 → 墙面冲筋 → 分层抹灰 → 设置分格缝 → 保护成品

（二）砌筑与抹灰工程施工要点

1. 砖基础砌筑施工要点

（1）拌制砂浆：宜用机械搅拌，投料顺序为砂→水泥→掺合料→水，搅拌时间不少于1.5min。砂浆应随拌随用，一般水泥砂浆和水泥混合砂浆须在拌成后3h和4h内使用完，不允许使用过夜砂浆。

（2）确定组砌方法：采用"三一"砌砖法（即一铲灰、一块砖、一挤揉），严禁用水冲砂浆灌缝的方法，如图5-4所示。

图 5-4 砖基础砌筑——确定组砌

（3）排砖摞底：基础大放脚的摞底尺寸及收退方法必须符合设计图纸规定，如图 5-5 所示。

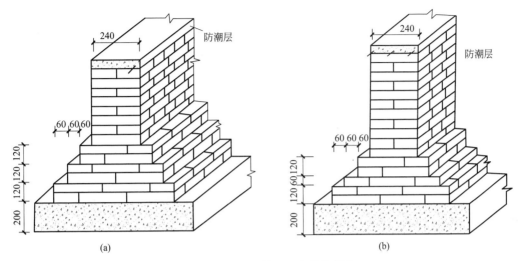

图 5-5 砖基础砌筑——大放脚摞底
（a）等高式大放脚；（b）不等高式大放脚

（4）砌筑：保持砌体通顺、平直，防止砌成"螺丝"墙。对照皮数杆的砖层及标高，如有偏差，应在水平灰缝中逐渐调整，使墙的层数与皮数杆一致。

（5）抹防潮层：即抹防水砂浆，设计无规定时，一般厚度为 15～20mm，防水粉掺量为水泥重量的 3%～5%。

2. 砖墙砌筑施工要点

（1）砖浇水：黏土砖必须在砌筑前一天浇水湿润，一般以水浸入砖四边 1.5cm 为宜，含水率为 10%～15%，常温施工不得用干砖上墙；雨季不得使用含水率达饱和状态的砖砌墙；冬季浇水有困难，必须适当增大砂浆稠度。

（2）砂浆搅拌：砂浆配合比应采用重量比，水泥计量精度为±2%，宜用机械搅拌，搅拌时间不少于 5min。

（3）挂线：砌筑一砖半墙必须双面挂线，如果长墙的几个人均使用一根通线，中间应设几个支线点，小线要拉紧，每层砖都要穿线看平，使水平缝均匀一致，平直通顺；砌一砖厚混水墙时宜采用外手挂线，可照顾砖墙两面平整，为下道工序控制抹灰厚度奠定基础。

（4）砌砖：1）组砌方法：砌体一般采用一顺一丁（满丁、满条）、梅花丁或三顺一丁砌法。砖柱不得采用先砌四周后填心的包心砌法；2）砌砖宜采用"三一"砌砖法，即满铺、满挤操作法。砌砖时砖要放平。里手高，墙面就要张；里手低，墙面就要背。砌砖一定要跟线，"上跟线，下跟棱，左右相邻要对平"；3）水平灰缝厚度和竖向灰缝宽度一般为 10mm，但不应小于 8mm，也不应大于 12mm；4）为保证清水墙面主缝垂直，不游丁走缝，当砌完一步架高时，宜每隔 2m 水平间距，在丁砖立楞位置弹两道垂直立线，可以分段控制游丁走缝；5）留槎：外墙转角处应同时砌筑。内外墙交接处必须留斜槎，槎子长度不应小于墙体高度的 2/3，槎子必须平直、通顺；6）安装过梁、梁垫：安装过梁、梁垫时，其标高、位置及型号必须准确，坐灰饱满。坐灰厚度超过 2cm 时，要用豆石混凝土铺垫，过梁安装时，两端支承点的长度应一致；7）构造柱做法：凡有构造柱的工程，在砌砖前，先根据设计图纸对构造柱位置进行弹线，并把构造柱插筋处理顺直。

3. 沟渠施工要点

（1）定位：弄清管线和设计图纸的实际情况，进行合理布局。确定现有建筑物、构筑物进出口管线的坐标、标高和堆土、堆料、运料的区间和位置。

（2）沟槽开挖：槽底开挖宽度等于排水沟结构基础宽度加两侧工作面宽度，每侧工作面宽度应不小于300mm。

（3）拌制砂浆：用水采用自来水或不含有害物质的洁净水，当在使用中对水泥质量有怀疑或水泥出厂超过三个月（快硬硅酸盐水泥超过一个月）时，应复查试验，并按其结果使用。不同品种的水泥，不得混合使用。

（4）砖砌沟壁：排水沟砌筑采用"三一砌法"，砖采用M10的砖，要保证排水沟墙体竖向灰缝饱满、灰缝厚度均匀一致，如图5-6所示。

图5-6　砖砌沟壁

（5）混凝土压顶：模板安装高度与混凝土压顶高度相同。

（6）安装盖板：铸铁盖板安装时要确保其上平的标高，基层出现问题时应用高标号砂浆进行找平。

（7）沟边回填：盖板安装完毕后，将内环沟周边沟槽内垃圾清理干净，用3：7灰土分层回填，密实度达到95％。

4. 抹灰施工要点

（1）墙面浇水：抹灰前一天，应用胶皮管自上而下浇水湿润。

（2）吊垂直、套方、找规矩：经检查后确定抹灰厚度，最少不应小于7mm。

（3）做水泥护角：墙面的阳角、柱面的阳角和门窗洞口的阳角，应用1：3水泥砂浆打底，待砂浆稍干后，再用胶素水泥膏抹成小圆角。

（4）抹水泥窗台板：先将窗台基层清理干净，松动的砖要重新砌筑好。

（5）墙面冲筋：用与抹灰层相同的砂浆冲筋，冲筋的根数应根据房间的宽度或高度决定，一般筋宽为5cm，可充横筋也可充立筋，根据施工操作习惯而定。

（6）抹底灰：充完筋2h左右就可以抹底灰，抹灰时先薄薄地刮一层，接着分层装档、找平，再用大杠垂直、水平刮找一遍，用木抹子搓毛，如图5-7所示。

图5-7　墙面抹灰

（7）修抹预留孔洞、电气箱、槽、盒：当底灰抹平后，应有专人把预留孔洞、电气箱、槽、盒周边 5cm 的砂浆刮掉，改抹 1∶1∶4 水泥混合砂浆，把洞、箱、槽、盒周边抹光滑、平整。

（8）抹罩面灰：当底灰六七成干时，即可开始抹罩面灰（如底灰过干应浇水湿润）。罩面灰应二遍成活，厚度约 2mm，最好两人同时操作，一人先薄薄刮一遍，另一人随即抹平。

（9）成品保护：抹灰前必须事先把门窗框与墙连接处的缝隙用水泥砂浆嵌塞密实。

第三节 混凝土结构工程施工

（一）混凝土结构工程施工流程

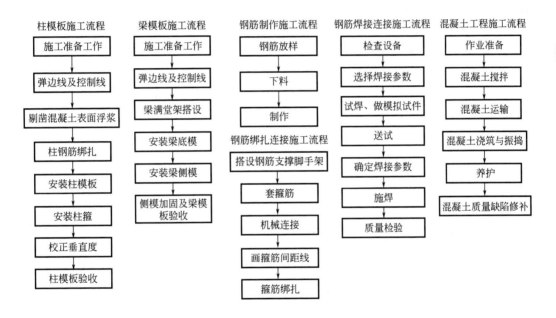

（二）混凝土结构工程施工要点

1. 柱模板施工要点

（1）施工准备。模板施工方案及配模计划齐全，并进行交底；模板按照放样尺寸制作；拼接相邻两模板表面高低差控制在 2mm 以内，使用材料必须满足方案及规范要求，模板应涂刷脱模剂，编号分类堆放，二次周转使用前必须清理干净；使用机具准备到位。

（2）弹柱边线及控制线。按图纸要求弹出横竖向轴线、柱子边线及控制线；柱轴线部位可采用红色、边长 50mm 的"△"标记，并标记"轴线"二字；柱边线采用墨线沿设计柱边位置弹出框线；边框线宜两端各延长不少于 20cm，备做吊线检查使用；柱边线向外偏移 500mm 处用墨线平行于柱边线弹柱控制线。

（3）剔凿混凝土表面浮浆。柱根凿毛，首先剔除柱边线范围内的混凝土浮浆，直至露出均匀的石子；凿毛深度不小于 5mm，应将剔凿点间距控制在 20～30mm 以内，凿毛应覆盖柱边线内全部范围；剔除的浮浆残渣及时清理，并用水冲洗干净。应经过监理和业主检查验收。

（4）柱钢筋绑扎。支模前先在墙柱轮廓线外 200mm 位置弹出墙柱控制线，用来复核墙柱支模。按放出的柱边线焊接Φ20 内截面控制筋，每个方向两根（直径同箍筋，设置于柱模上中下三道），或者在放出的柱边线的柱四个角钻孔打入限位筋。

（5）安装柱模板。按放线位置先钉好压脚板再安装柱模板；柱子两垂直向加斜拉顶撑；柱根部缝隙封堵到位，也可采用砂浆将柱根部外围封堵，不宜采取下压海绵条或其他杂物塞填等形式；柱子截面内部尺寸偏差控制±5mm 以内，如图 5-8 所示。

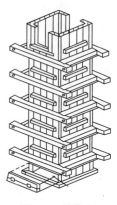

图 5-8　柱模板

（6）安装柱箍。柱箍材料选择应根据模板施工方案进行确定；柱箍间距应符合方案设计要求、并加固牢靠；柱箍安装应保证水平，单边长度超过 500mm 的柱应考虑设计对拉螺杆加强，对拉螺栓直径应通过计算确定，螺杆扭矩值符合方案要求。

（7）校正垂直度、柱模板验收。检查垂直度前首先对其控制线进行复核，再进行垂直度检查。模板拼缝严密，相邻两模板表面高低差控制在 2mm 以内；层高≤6m 时垂直度偏差控制在 8mm 以内，层高＞6m 时，垂直度偏差控制在 10mm 以内；模板柱箍和对拉螺杆符合设计要求，对拉螺杆间距不大于 500mm；柱根部封堵符合要求。

2. 梁模板施工要点

（1）施工准备工作（弹轴线及定位线）。模板施工方案及配模计划齐全，并进行交底；模板按照放样尺寸制作；使用材料必须满足方案及规范要求，模板应涂刷脱模剂，分类堆放，并清理干净；使用机具准备到位。在柱子上弹出轴线、梁位置及水平线，轴线允许偏差 5mm，梁截面尺寸线允许偏差±5mm。

（2）梁板满堂架搭设工艺。架体搭设应符合规范及模板设计专项施工方案要求。梁下支柱支承在基土面上时，应对基土平整夯实，满足承载力要求，并在立杆底加设厚度≮100mm 的硬木垫板或混凝土垫板等有效措施，确保混凝土在浇筑过程中不会发生支撑下沉。支架立杆的垂直度偏差不宜大于 1/200，且不应大于 100mm。在立杆底部的水平方向上应按纵下横上的次序设置扫地杆。

（3）安装梁底模。根据图纸计算出梁底小横杆标高，并固定牢固。梁底模安装前先钉柱头模板，底模安装时需拉线找平，梁跨度≥4m 时，应按规范要求起拱，起拱高度宜为梁跨度的 1/1000～3/1000。起拱顺序：先主梁起拱后次梁起拱。模板支设完成后，应对梁底模板标高进行复核。

（4）安装梁侧模。梁侧模制作高度应根据梁高及楼板厚度确定；支模宜遵循边模包底模的原则；梁侧模板须拉线安装；如遇到梁高超过 650mm 时，先安装一边侧模板，等梁钢筋绑扎完毕后再进行另一侧梁模板的安装，有效安排工序先后情况，以满足施工要求。

（5）侧模加固及梁模板验收。梁高超过 600mm 时，梁侧模宜加穿梁螺栓加固；梁侧模必须有压脚板、斜撑，拉线通直后将梁侧钉牢；梁侧模板应垂直，梁内截面尺寸偏差应控制在±5mm 内；梁模板加固方式符合模板施工方案。

3. 钢筋制作施工要点

（1）钢筋放样。在钢筋制作之前，首先要进行钢筋放样，放样过程中应有明确清晰的开料顺序，以免费时费工。

（2）钢筋下料。钢筋的级别、种类和直径应按图纸要求采用，当需要代换时，应征得设计或主管单位同意。钢筋加工的形状、尺寸必须符合图纸要求。钢筋表面应洁净、无损伤。带有颗粒或片状老锈的钢筋不得使用。

（3）钢筋制作。HPB300 级钢筋末端需要做 180° 弯钩，其圆弧弯曲直径应不小于钢筋直径的 2.5 倍，平直部分长度不宜小于钢筋直径的 3 倍；HRB400 级钢筋末端需做 90° 或 135° 弯折，其弯曲直径不宜小于钢筋直径的 4 倍，平直部分应按设计要求确定。箍筋末端应作弯钩，用 HPB300 级钢筋或冷拔低碳钢丝制作的箍筋，其弯曲直径不得小于箍筋直径的 2.5 倍，平直部分的长度一般不宜小于箍筋直径的 5 倍，对有抗震要求的结构不应小于箍筋直径的 10 倍且不小于 5mm，钢筋在加工过程中发现脆断、焊接性能不良时，应抽样进行化学成分检验或其他专项检验。

4. 钢筋绑扎连接施工要点

（1）搭设钢筋支撑脚手架。柱筋支撑架采用脚手架钢管搭设，操作面四周铺跳板，并挂安全网。

（2）套箍筋。按图纸要求间距计算好箍筋数量，先将箍筋套在下层伸出的钢筋上，然后绑扎定位钢筋，立柱子钢筋。

（3）机械连接。竖向受力筋柱子主筋立起后，机械连接接头、套筒尺寸应符合设计及有关规范要求。

（4）画箍筋间距线。在立好的柱子竖向钢筋上，按图纸要求用粉笔划箍筋间距线。

（5）箍筋绑扎。箍筋的接头（弯钩叠合处）应交错布置在四角纵向钢筋上，柱角钢筋与箍筋间用双扣交错绑牢，绑扣相互间应成八字形。箍筋与主筋要垂直。

同一构件中相邻纵向受力钢筋的绑扎搭接接头宜互相错开。钢筋绑扎搭接接头连接区段的长度为 1.3 倍搭接长度，凡搭接接头中点位于该连接区段长度内的搭接接头均属于同一连接区段，如图 5-9 所示。同一连接区段内纵向受力钢筋搭接接头面积百分率为该区段内有搭接接头的纵向受力钢筋与全部纵向受力钢筋截面面积的比值，当直径不同的钢筋搭接时，按直径较小的钢筋计算。

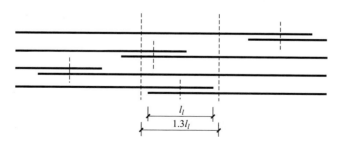

图 5-9　同一连接区段内的纵向受拉钢筋绑扎搭接接头

5. 钢筋焊接连接施工要点

（1）检查设备。检查电源、焊机及工具。焊接地线应与钢筋接触良好，防止因起弧而烧伤钢筋。

（2）选择焊接参数。根据钢筋级别、直径、接头型式和焊接位置，选择适宜的焊条直径、焊接层数和焊接电流，保证焊缝与钢筋熔合良好。

（3）试焊、做模拟试件。在每批钢筋正式焊接前，应焊接 3 个模拟试件做拉力试验，经试验合格后，方可按确定的焊接参数成批生产。

（4）施焊操作。工程中常用的焊接方法有闪光对焊（图 5-10）、电弧焊、电渣压力焊（图 5-11）、埋弧压力焊及点焊（图 5-12）等。

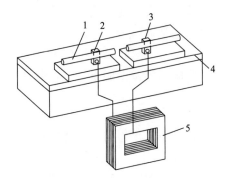
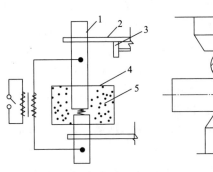

图 5-10　闪光对焊工作原理图　　图 5-11　电渣压力焊工作原理图　图 5-12　点焊工作原理图

1—钢筋；2—固定电极；3—可动　　　1—钢筋；2—夹钳；3—凸轮　　　1—电极；2—钢筋

电极；4—基座；5—焊接变压器　　　4—焊剂；5—铁丝团环球

6. 混凝土工程施工要点（图 5-13）

（1）作业准备。浇筑前应将模板内的垃圾、泥土等杂物及钢筋上的油污清除干净，并检查钢筋的水泥垫块是否垫好。如果使用木模板，应浇水使模板湿润，柱子模板的清扫口在清除杂物后再封闭。剪力墙根部松散混凝土应剔除干净。

（2）混凝土现场搅拌。混凝土的搅拌要达到两方面的要求：一是保证混凝土拌合物的

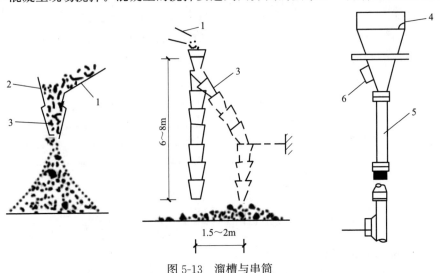

图 5-13　溜槽与串筒

1—溜槽；2—挡板；3—串筒；4—漏斗；5—节管；6—振动器

均匀性，二是能够保证施工进度要求的产量。

（3）混凝土运输。混凝土应及时运送至浇筑点，包括地面水平运输、垂直运输和楼层面上的水平运输。

（4）混凝土浇筑。一般是自下而上、由外向里对称浇筑。对于厚大体积的混凝土的浇筑，浇筑前应制定出详细的浇筑方案。

（5）混凝土振捣。混凝土应机械振捣成型；柱、梁应用插入式振动器振实，振动棒应做到"快插慢拔"；对于厚度大于 200mm 的平板和带梁平板，应先用插入式振动器振实，再用平板式振动器振实表面；混凝土用机械振捣密实后，表面用刮尺刮平，应在混凝土终凝前二次或三次压光予以修整。

（6）混凝土的养护。混凝土浇筑后，应提供良好的温度和湿度环境，以保证混凝土能正常凝结和硬化。

（7）混凝土质量缺陷修补。表面抹浆修补对于属于一般缺陷的裂缝、麻面、露筋、蜂窝等，可采用 1：2～1：2.5 的水泥砂浆抹面修整。

第四节　防水工程施工

（一）防水工程施工流程

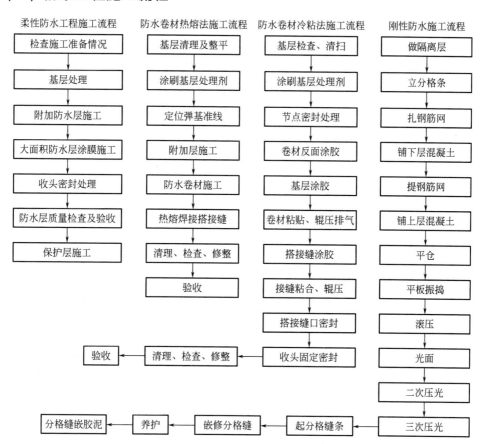

（二）防水工程施工要点

1. 柔性防水工程施工要点

（1）基层处理

1）底板结构垫层混凝土浇筑完毕后，应反复收水压实，使基层表面平整，其平整度用 2m 靠尺进行检查，直尺与基层的间隙不超过 5mm，且只允许平缓变化。

2）基层表面的气孔、凹凸不平、蜂窝、缝隙、起砂等，应修补处理，基面必须干净、无浮浆、无水珠、不渗水；当基层上出现大于 0.3mm 的裂缝时，应骑缝每 10cm 涂刷 1mm 厚的聚氨酯涂膜防水加强层，然后设置聚酯布增强层，最后涂刷防水层。

3）所有阴角部位均应采用 5cm×5cm 的 1∶2.5 水泥砂浆进行倒角处理，阳角做成 $R \geqslant 10mm$ 的圆角。

（2）防水涂料的施工

1）基层处理完毕并经过验收合格后，先在阴、阳角和施工缝等特殊部位涂刷防水涂膜加强层。

2）加强层实干后，开始涂刷大面防水层，防水层采用多道（一般 2 道）喷涂或涂刷，厚度 1.5mm。上下两道涂层涂刷方向应互相垂直。当涂膜表面完全固化（不粘手）后，才可进行下道涂膜施工。

3）聚氨酯涂膜防水层施工完毕并经过验收合格后，方可进行卷材的施工。

（3）施工注意事项

1）雨雪天气以及五级风以上的天气不得施工。

2）涂膜防水层不得有露底、开裂、孔洞等缺陷，以及脱皮、鼓泡、露胎体和皱皮现象。涂膜防水层与基层之间应粘结牢固，不得有空鼓、砂眼、脱层等现象。

3）涂膜收口部位应连续、牢固，不得出现翘边、空鼓部位。

4）刚性保护层完工前任何人员不得进入施工现场，以免破坏防水层；涂层的预留搭接部位应由专人看护。

2. 防水卷材热熔法施工要点

（1）将基层清扫干净，基层应平整、清洁、干燥。

（2）用长柄滚刷将基层处理剂涂刷在已处理好的基层表面，并且要涂刷均匀，不得漏刷或露底。基层处理剂涂刷完毕，达到干燥程度（一般以不粘手为准）方可施行热熔施工，以避免失火。

（3）用专用附加层卷材及标准预制件在两面转角、三面阴、阳角等部位进行附加层增强处理，平、立面平均展开。方法是先按细部形状将卷材剪好，在细部贴一下，视尺寸、形状合适后，再将卷材的底面用火焰加热器烘烤，待其底面呈熔融状态，即可立即粘贴在已涂刷一道基层处理剂的基层上，附加层要求无空鼓，并压实铺牢。

（4）在已处理好并干燥的基层表面，按照所选卷材的宽度，留出搭接缝尺寸，将铺贴卷材的基准线弹好，以便按此基准线进行卷材铺贴施工。

（5）由下往上推滚卷材进行熔粘铺贴，将起始端卷材粘牢后，持火焰加热器对着待铺的整卷卷材，使喷嘴距卷材及基层加热处 0.3～0.5m 施行往复移动烘烤（不得将火焰停留在一处直火烧烤时间过长，否则易产生胎基外露或胎体与改性沥青基料瞬间分离现象），应加热均匀，不得过分加热或烧穿卷材。至卷材底面胶层呈黑色光泽并伴有微泡（不得出现大量气泡），及时推滚卷材进行粘铺，后随一人施行排气压实工序。

（6）用喷灯充分烘烤搭接边上层卷材底面和下层卷材上表面沥青涂盖层，必须保证搭接处卷材间的沥青密实熔合，且有熔融沥青从边端挤出。

（7）铺贴时边铺边检查，检查时用螺丝刀检查接口，发现熔焊不实之处及时修补，不得留任何隐患，检查合格后方可进入下一道工序施工，特别要注意平立面交接处、转角处、阴阳角部位的做法是否正确。待自检合格后报请监理及建设方按照相关规范进行验收，验收合格后及时进行保护层的施工。

3. 防水卷材冷粘法施工要点

（1）基层检查、清扫。冷粘法铺贴时，要求基层必须干净、干燥，含水率符合设计要求，否则易造成粘贴不牢和起鼓现象。因此进行施工前，应将基层表面的拱凸物等铲除，并将尘土杂物等彻底清除干净。

（2）涂刷基层处理剂。为增强卷材与基层的粘结，应在基层上涂刷基层处理剂（一般刷 2 道冷底子油），涂刷时要均匀一致，切勿反复涂刷。

（3）节点密封处理。待基层处理剂干燥后，可先对排水口、管子根部等容易发生渗漏的薄弱部位，在半径 200mm 范围内均匀涂刷一层胶粘剂，涂刷厚度以 1mm 左右为宜。涂胶后随即粘贴一层聚酯纤维无纺布，并在无纺布上再涂刷 1 道 1mm 厚左右的胶粘剂。干燥后即可形成一层密封层。

（4）铺贴卷材防水层。冷粘法施工的搭接缝是薄弱部位，为确保接缝防水质量，每幅卷材铺贴时均必须弹标准线，即铺贴第 1 幅卷材前，在基层上弹好标准线，沿线铺贴，继续铺贴时，在已铺好的卷材上量取要求的搭接宽度再弹好线，作为继续铺贴卷材的标准线。铺贴时要求胶粘剂或沥青胶涂刷均匀、不露底、不堆积，待溶剂部分发挥后才可辊压排气。搭接缝粘合后缝口溢出胶粘剂，应随即刮平封口。在低温时，宜采用热风加热措施。

（5）保护层施工。为了屏蔽或反射太阳的辐射，延长卷材防水层使用寿命，在防水层铺设完毕并检查合格后，应在卷材防水层的表面上涂刷胶粘剂，边铺撒膨胀硅石粉保护层，或均匀涂刷银色或绿色涂料做保护层。

6. 保护层

（1）防水层上的保护层施工，应待卷材铺贴完成或涂料固化成膜，并经检验合格后进行。

（2）用块体材料做保护层时，宜设置分格缝，分格缝纵横间距不应大于 10m，分格缝宽度宜为 20mm。

（3）用水泥砂浆做保护层时，表面应抹平压光，并应设表面分格缝，分格面积宜为 1m^2。

（4）用细石混凝土做保护层时，混凝土应振捣密实、表面应抹平压光，分格缝纵横间距不应大于 6m。分格缝的宽度宜为 10~20mm。

（5）块体材料、水泥砂浆或细石混凝土保护层与女儿墙和山墙之间，应预留宽度为 30mm 的缝隙，缝内宜填塞聚苯乙烯泡沫塑料，并应用密封材料嵌填密实。

第五节　水电工程施工

（一）水电工程施工流程

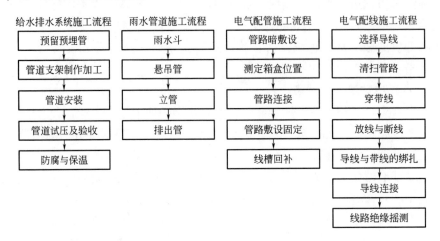

给水排水系统施工流程	雨水管道施工流程	电气配管施工流程	电气配线施工流程
预留预埋管	雨水斗	管路暗敷设	选择导线
管道支架制作加工	悬吊管	测定箱盒位置	清扫管路
管道安装	立管	管路连接	穿带线
管道试压及验收	排出管	管路敷设固定	放线与断线
防腐与保温		线槽回补	导线与带线的绑扎
			导线连接
			线路绝缘摇测

（二）水电工程施工要点

1. 给水排水系统施工要点

（1）预留预埋管

施工准备期间，专业工长应认真熟悉施工图纸，结合现场测绘草图，找出所有预埋预留点，并统一编号，同时与其他专业沟通，以避免今后安装有冲突、交叉打架现象发生，减少不必要的返工。严格按标准图集（S235）加工制作防水套管、穿墙套管，套管管径及长度按结构施工图进行尺寸确定。

（2）管道支架制作加工

1）管道支架必须满足管道的稳定和安全，允许管道自由伸缩，并符合安装高度。

2）给水立管安装管卡时，层高 $H<5m$，每层设一个，安装高度为：层高的½，每个管卡的安装高度为：应距地面 1.5～1.8m，2 个以上管卡应匀称安装在同一高度上。

3）临近阀门和其他大件管道处须安装辅助支架，以防止过大的应力，临近泵接头处亦须安装支架以免设备受力。对于机房内压力管道及其他可把振动传给建筑物的压力管道，必须安装弹簧支架并垫橡胶垫圈，以达到减振的目的。

4）排水立管采用管卡定位，管卡的距离不得超过 3m，横管不大于 2m，承插管每根直管均应设管卡，立管底部应设支座或吊卡。

5）管道支架切割及钻孔，采用砂轮切割机及台钻，煨制要圆滑均匀，各种支吊架要无毛刺、豁口、漏焊等缺陷，制作质量必须符合设计规范要求，制作成形后应进行除锈和防腐处理。

6）吊架的吊杆要牢固地固定在楼板、梁上，固定支架必须安装在设计规定的位置上，不得任意移动。

（3）管道安装

1）引入管安装：引入管安装时，应尽量与建筑外墙轴线相垂直，这样穿过基础或外墙的管段最短。

2）排出管安装：由于硬聚氯乙烯管抗冲击能力低，埋地铺设的排出管道宜分成两段施工。

3）建筑内部给水管道的安装：建筑内部给水管道的安装方法有直接施工和预制化施工两种。

4）建筑内部排水管道的安装：硬聚氯乙烯排水管安装必须保证立管垂直度和排出管、支管弯曲度要求。

5）热水管道的安装：热水供应管道的管材一般为镀锌钢管、PVC 管、PPR 管等。

（4）管道试压及验收

1）冷水管的试验压力，应为管道系统工作压力的 1.5 倍，但不得小于 0.9MPa。

2）管道的水压试验应符合下列规定：

① 热熔连接的管道，水压试验时间应在连接完成 24h 后进行。

② 水压试验之前，管道应固定牢固，接头须明露。

③ 管道注满水后，先排出管内空气，进行水密性检查。

④ 加压宜用手动泵缓慢升压，升压时间不应小于 10min，测定仪器的压力精度不应低于 0.01MPa。

⑤ 升压至规定试验压力（在 30min 内，允许 2 次补压至试验压力），稳压 1h，检验应无渗漏，压力降不得超过 0.06MPa。

⑥ 第一次试压合格后，对系统进行第二次试压，在设计工作压力的 1.15 倍状态下稳压 2h，压力降不得超过 0.03MPa；同时检查发现无渗漏，水压试验为合格。

3）竣工质量应符合设计要求和规范的有关规定。

4）验收时还要包含下列内容：

① 管道支、吊架安装位置的准确性和牢固性。

② 保温材料的厚度及其做法。

③ 各类阀门及配水五金件启闭灵活性及固定性。

④ 同时开启的配水点，其额定流量是否达到设计要求。

⑤ 坐标、标高和坡度的正确性。

⑥ 连接点或接口的整洁性、牢固性和密封性。

（5）管道防腐与保温

1）管道涂料防腐：在管道及设备防腐工程中，应根据管道及设备明敷、暗敷和埋地敷设等不同情况，以及内外防腐的不同要求，正确选择防腐材料。常用的防腐材料有涂料类和涂层包扎类。常用的油漆涂料，按其是否加入固体材料（颜料和填料）分为：不加固体材料的清油、清漆和加固体材料的各种颜色涂料。

2）管道的保温：管道保温工程应符合设计要求；管道保温施工应在管道试压及涂漆合格后进行；保温层施工一般应单独进行；非水平管道的保温施工应自下而上进行；保温层毡的环缝和纵缝接头间不得有空隙，其捆扎的镀锌铁丝或箍带间距为 150～200mm。

2. 雨水管道施工要点

（1）雨水斗安装：雨水斗规格、型号及位置应符合设计要求，雨水斗与屋面连接处必须做好防水。

（2）悬吊管安装：悬吊管应沿墙、梁或柱悬吊安装，并应用管架固定牢，管架间距同排水管道。悬吊管敷设坡度应符合设计要求，且不得小于 0.005。

（3）立管安装：立管常沿墙、柱明装或暗装于墙槽、管井中。

（4）排出管安装：雨水排出管上不能有其他任何排水管接入，排出管穿越基础、地下室外墙应预留孔洞或防水套管，安装要求同生活水排出管。

3. 电气配管施工要点

（1）管路暗敷设：所有的过线盒应放置在便于安装操作、维修，及不太影响美观的部位。成排过线盒应保持一线，每预留一个过线盒（特别是顶板下的过线盒），其坐标位置必须在图纸上标注，便于日后清查、穿线施工。

（2）测定箱、盒的位置：根据施工图，结合实际情况，墙体以装饰的 1 米线及墙身线为基准，挂线找平，线坠找正，确定箱、盒的实际尺寸和位置。

（3）管路连接、固定：直管敷设时，两管口分别插入直管接头的中心，紧贴凹槽处两端，用紧定螺钉定位后，进行旋紧，至螺母脱落；JDG 管连接处，管插入连接套管前，插入部分的管端应保持清洁，连接后的缝隙应有封堵措施（外缠两层黑胶带或用防腐漆掺 425 号水泥作封堵等）。

（4）线槽回补：直线敷设时，固定点间距不大于 1000mm；在拐弯处，距弯曲中心点 250mm 以内，套管两端及附件的接头等处必须有固定点，绑扎牢固。

4. 电气配线施工要点

（1）选择导线：中性线及保护地线的颜色应加以区分，用淡蓝颜色的导线为中性线，用黄绿颜色相间的导线为保护地线。

（2）清扫管路：将布条的两端牢固地绑扎在带线上，两人来回拉动带线，将管内杂物清净。

（3）穿带线：带线一般采用直径 1.2～2.0mm 的铁丝。

（4）放线及断线：放线前应根据施工图对导线的规格、型号进行核对。

（5）导线与带线的绑扎：绑扎处应形成一个平滑的锥形过渡部位。

（6）导线连接：导线连接应具备的条件包括导线接头不能增加电阻值；受力导线不能降低原机械强度；不能降低原绝缘强度。

（7）线路检查及绝缘摇测：电气器具未安装前进行线路绝缘摇测时，首先将灯头盒内导线分开，开关盒内导线连通。摇测应将干线和支线分开，一人摇测，一人应及时读数并记录。摇动速度应保持在 120r/min 左右，读数采用一分钟后的读数为宜。

（8）施工注意事项：管路的切口要垂直，刮铣光滑，无毛刺，管进箱、线盒要垂直，间距均匀。

第六节　美丽乡村建设施工

（一）美丽乡村建设施工流程

1. 路基施工

（1）路基挖方施工工艺

清理表土、树根→机械分层开挖土方至设计标高→自上而下整修边坡和分级边坡防护至设计标高→开挖边沟和砌筑→整修路槽、机械压实。

（2）路基填筑施工工艺

清理表土→陡坡挖台阶、软土地基、换填砂砾层、土方摊铺整平→路基分层压实至标高→边坡防护。

2. 基层施工

（1）基层施工的技术要求

1）足够的强度和刚度。

2）足够的水稳性和冰冻稳定性。

3）足够的平整度。

4）与面层结合良好。

（2）路基施工方法

1）填隙碎石基层和底基层干法施工

初压：应采用 8t 两轮压路机碾压 3～4 遍，使粗碎石稳定就位。

撒铺填隙料：应采用石屑撒布机或类似的设备将填隙料均匀地撒铺在已压稳的粗碎石层上，松铺厚度宜为 25～30mm。

碾压：应采用振动压路机慢速碾压，将全部填隙料振入粗碎石间的孔隙中。

再次撒布填隙料：应采用石屑撒布机或功能相同的设备将干填隙料再次撒铺在粗碎石层上，松铺厚度宜为 20～25mm，用人工或机械扫匀。

再次碾压：在碾压过程中，对局部填隙料不足之处，应人工进行找补，并扫除局部多余填隙料。

填隙碎石表面孔隙全部填满后，应采用 12～15t 三轮压路机再碾压 1～2 遍。碾压之前先在表面洒少量水，洒水量为 3kg/m² 以上。

2）填隙碎石基层和底基层湿法施工

应先按填隙碎石基层和底基层干法施工中前 5 个步骤的要求进行。

粗碎石层表面孔隙全部填满后，应立即用洒水车洒水，直到饱和。

应采用 12～15t 三轮压路机跟在洒水车后进行碾压。洒水和碾压应一直进行到填隙料和水形成粉砂浆为止。

碾压完成的路段应让水分蒸发一段时间。结构层变干后，应扫除表面多余的细料及细料覆盖层。

3. 面层施工

（1）沥青面层施工

1）沥青贯入式面层：应根据沥青标号及气温情况选择。

2）沥青表面处治面层：应喷洒透层油。

3）冷拌沥青混合料面层：冷拌沥青混合料摊铺后宜采用 6t 压路机初压，初步稳定后，再用中型压路机碾压。

4）热拌沥青混合料：应采用机械摊铺。

（2）水泥混凝土面层施工

4. 护栏

（1）石栏杆构件检查。

（2）石栏杆安装前应做好技术交底工作。

（3）石栏杆地栿石的铺设。

（4）拉线安装。

（5）栏板安装。

（6）勾缝。

（7）安装完毕后，局部如有凸起不平，可进行凿打或剁斧，将石面"洗"平。

5. 湖边硬化（图5-14）

（1）湖边下部挡土墙

基础及墙身采用 MU30 毛石、M5 水泥砂浆砌筑。基础砌筑前，应先检查基坑的尺寸和标高，清除杂物，平整夯实基槽槽底（采用立式电动打夯机，夯两遍），确保槽底不得有较大的凸起。接着进行基础放线，拉上准线，放出基础轴线及边线，立好基础皮数杆，皮数杆上标明退台及分层砌石高度，分层砌筑高度为 50～60cm。皮数杆之间要拉上准线。

（2）湖边驳岸

驳岸是起防护作用的工程构筑物，由基础、墙体、盖顶等组成，修筑时要求坚固和稳定，多以打桩或柴排沉褥作为加强基础的措施。选坚实的大块石料为砌块，也有采用断面加宽的灰土层作基础，将驳岸筑于其上。驳岸最好直接建在坚实的土层或岩基上。如果地基疲软，须作基础处理。道路景观见图5-15。

图5-14　湖边硬化　　　　　　　　　　图5-15　道路景观

（二）美丽乡村建设施工要点

美丽乡村施工尽量利用原貌，减少对环境的破坏。土方工程施工方法有人力施工、半机械化施工。施工方法的选用要依据场地条件、工程量和当地施工条件，而较重的工程中采用机械化施工较经济。但对工程量不大、施工段不长的工程，应该用人力施工或半人力施工。

第六章　施工合同管理

第一节　施工合同概述

(一) 施工合同概念

合同是民事主体之间设立、变更、终止民事法律关系的协议。在建设工程领域，涉及的合同有工程勘察、工程设计、工程施工、工程监理、设备租赁、材料供销等合同。

施工合同是承包人进行工程建设，发包人支付工程价款的合同，是指根据法律规定和合同当事人约定具有约束力的文件，构成合同的文件包括合同协议书、中标通知书（如果有）、投标函及其附录（如果有）、专用合同条款及其附件、通用合同条款、技术标准和要求、图纸、已标价工程量清单或预算书以及其他合同文件。在乡村建设施工合同中，承包人包括乡村建设带头工匠或施工企业，发包人包括建房户或小额工程的建设单位。

施工合同的内容一般包括工程范围、建设工期、中间交工工程的开工和竣工时间、工程质量、工程造价、技术资料交付时间、材料和设备供应责任、拨款和结算、竣工验收、质量保修范围和质量保证期、相互协作等条款，这些内容依据乡村建设的种类不同而有所差距。在乡村建设中，乡村建设带头工匠主要涉及农房建设与小额工程建设两类业务，而农房建设往往是由建房户委托熟悉的工匠或在政府提供的工匠库中选择，基本上不可能通过招标投标的方式选择，除非是成片建设的农居集中点，所以其施工合同从形式到内容都较为简单。而小额工程建设的发包人大多是村两委、政府或其授权的部门，乡村建设带头工匠常需要通过招标投标方式获取业务，其施工合同的形式和内容就相对较为复杂。不管采用何种方式的合同，都必须具有基本的合同条款，如合同双方的责任、权利、义务、工程范围、建设工期、工程合同价、工程款支付方式、工程结算、质量保修等。

(二) 乡村建设施工合同分类

乡村建设施工合同从不同的角度进行划分，可以分为以下类型：

1. 按承包工作来源划分

按所承包工作的来源进行划分，乡村建设施工合同主要可分为农房建设施工合同、小额工程建设施工合同。

2. 按承发包工程范围划分

按承发包工程范围的不同进行划分，乡村建设施工合同可分为施工承包合同、专业分包合同、劳务分包合同。

3. 按计价方式划分

按工程款计价方式进行划分，乡村建设施工合同可分为总价合同、单价合同和成本加酬金合同。

（1）总价合同，是指在合同中确定一个完成建设工程的总价，承包人据此完成项目全部内容的合同。这种合同类型能够使发包人在招标阶段易于确定合同总价，且对于工程价款计算方便，支付清晰。

这类合同仅适用于工程量不太大且能精确计算、工期较短、技术不算复杂、风险不大的项目。因而，采用这种合同类型，发包人必须准备详细且全面的设计图纸（一般要求施工详图）和各项说明，使承包人能准确计算工程价款。

（2）单价合同，是指承包人在投标报价时按招标人提供的招标文件中所提供的分部分项工程清单所列出的工程量及相关要求确定各分部分项工程费用的合同类型，而实际结算时以实际确认的工程量为准。

这类合同的适用范围比较宽，其风险可以得到合理的分摊，并且能鼓励承包人通过提高工程管理水平等手段从成本节约中提高利润。这类合同能够成立的关键在于双方对单价和工程量计算方法的确认。工程量的风险由招标人（发包人）承担，单价的风险由中标人（承包人）承担，在合同履行中需要注意的关键点则是双方对实际工程量计量的确认以及工程签证与索赔的内容。

（3）成本加酬金合同，是指由发包人向承包人支付建设工程的实际成本，并按事先约定的某种方式支付酬金的合同类型。在这类合同中，发包人承担了项目的全部风险。这类合同的缺点是发包人对工程总造价不易控制，承包商也往往不注意降低项目成本。

这类合同主要适用于抢险救灾等需要立即开展工作的项目、新型的工程项目或对项目工程内容及技术经济指标未确定的项目等。

乡村建设带头工匠在签订总价合同时，必须充分考虑到此类合同给自己带来的风险，特别是人工费增加、材料涨价所带来的风险。

（三）乡村建设施工合同订立程序

根据《民法典》关于合同订立的相关规定，当事人订立合同，可以采用书面形式、口头形式或者其他形式，但工程建议合同必须签订书面合同。当事人订立合同，可以采取要约方式、承诺方式或者其他方式。要约是希望与他人订立合同的意思表示，该意思表示应当符合下列条件：1. 内容具体确定；2. 表明经受要约人承诺，要约人即受该意思表示约束。要约邀请是希望他人向自己发出要约的表示。拍卖公告、招标公告、招股说明书、债券募集办法、基金招募说明书、商业广告和宣传、寄送的价目表等为要约邀请。承诺生效的地点为合同成立的地点。当事人采用合同书形式订立合同的，最后签名、盖章或者按指印的地点为合同成立的地点，但是当事人另有约定的除外。

乡村工程项目虽然具有工期短、投资小、相对风险小的特点，但合同订立的基本环节是相通的。合同订立一般均要经过要约邀请、要约、承诺、合同谈判等多个环节。同时，合同主体要在乡村工程市场获得工程项目，必须遵守《中华人民共和国招标投标法》《中华人民共和国招标投标法实施条例》《必须招标的项目规定》等规定，采用招标发包或直接发包方式。

一般使用国有资金投资的项目都属于必须招标的工程项目，乡村建设中的小额投资项目也不例外。该类项目发包方必须通过招标投标方式确定承包方。招标方式根据工程特点与条件，一般采用公开招标，特殊情况可以考虑采用邀请招标方式，采用邀请招标需要按部门规章进行审核备案。其他工程项目鼓励采用招标方式。

公开招标项目合同签订程序，一般首先进行工程项目的招标，其次，投标人进行工程项目的投标，然后进行开标、评标及定标，最后双方洽谈签订合同。

对于农村建房合同，通常由建房户直接委托，不通过招标投标的流程。

（四）施工合同组成

根据《民法典》第四百七十条，合同的内容由当事人约定，当事人可以参照各类合同的示范文本订立合同。目前，小额工程项目常采用《建设工程施工合同（示范文本）》（GF—2017—0201），农村建房常采用《农房施工合同（示范文本）》。《建设工程施工合同（示范文本）》（GF—2017—0201）由合同协议书、通用合同条款和专用合同条款三部分组成，《农房施工合同（示范文本）》往往简单一些，通常没有监理人，没有工序验收，也没有过程验收，但合同的组成内容基本相似。

第二节 《建设工程施工合同（示范文本）》

1. 合同协议书

合同协议书主要包括：工程概况、合同工期、质量标准、签约合同价和合同价格形式、项目经理、合同文件构成、承诺以及合同生效条件等重要内容，集中约定了合同当事人基本的合同权利义务。

2. 通用合同条款

通用合同条款是合同当事人根据《建筑法》《民法典》等相关法律法规的规定，总结建设工程施工合同纠纷案件焦点、热点问题，结合建设工程施工管理的特殊需要和行业惯例、交易习惯，就工程建设的实施及相关事项，对合同当事人的权利义务作出的原则性约定。通用合同条款具体应包括：一般约定、发包人、承包人、监理人、工程质量、安全文明施工与环境保护、工期和进度、材料与设备、试验与检验、变更、价格调整、合同价格、计量与支付、验收和工程试车、竣工结算、缺陷责任与保修、违约、不可抗力、保险、索赔和争议解决等相关条款。

3. 专用合同条款

专用合同条款是对通用合同条款原则性约定的细化、完善、补充、修改或另行约定的条款。合同当事人可以根据不同建设工程的特点及具体情况，通过双方的谈判、协商对相应的专用合同条款进行修改补充。

施工合同文件优先解释顺序

合同文件的组成及优先解释顺序：组成合同的各项文件应互相解释，互为说明，除专用合同条款另有约定外，解释合同文件的优先顺序如下：

1. 合同协议书。

2. 中标通知书（如果有）。

3. 投标函及其附录（如果有）。

4. 专用合同条款及其附件。

5. 通用合同条款。

6. 技术标准和要求。

7. 图纸。

8. 已标价工程量清单或预算书。

9. 其他合同文件。

在合同订立及履行过程中形成的与合同有关的文件均构成合同文件组成部分，并根据其性质确定优先解释顺序。由此可见，建设工程施工合同除依据示范文本签订的文本外，还包括其他若干内容，共同构成完整的合同文件。上述各项合同文件包括合同当事人就该项合同文件所作出的补充和修改，属于同一类内容的文件，应以最新签署的文件为准。

第三节 农村住房施工合同（示范文本）

由于各地对乡村建设带头工匠的执业范围都不尽相同，所以在满足合同基本要素的基础上，具体合同的条款也就会有所不同。现以浙江省允许承接低层农村住房建设的农村建筑工匠为例，介绍低层农村住房建设施工合同的主要内容。

浙江省低层农村住房建设施工合同（示范文本）

发包人：

居民身份证号码：　　　　　　　　　　　联系电话：

通信地址：

承包人：

（承包人为建筑施工企业的填写以下内容）

通信地址：

邮政编码：　　　　　　　　　　　　　联系电话：

统一社会信用代码：　　　　　　　　　企业资质证书号：

法定代表人：　　　　　　　　　　　　联系电话：

委托代理人：　　　　　　　　　　　　联系电话：

（承包人为农村建筑工匠的填写以下内容）

居民身份证号码：　　　　　　　　　　联系电话：

通信地址：

根据《民法典》《浙江省农村住房建设管理办法》以及其他有关法律规定，遵循平等、自愿、公平和诚实信用的原则，双方就低层农村住房建设（以下简称建房）施工有关事项协商一致，共同达成如下协议：

一、建房概况

1. 建房地点：

2. 建房规模：____层，总建筑面积____m^2；结构形式（在□中以划√方式选定，只能选择一项）：□框架结构；□砖混结构；□木结构；□其他_____。

3. 宅基地用地批准文件文号：_____；乡村建设规划许可证（建设工程规划许可证）证号：_____。

二、承包内容和方式

1. 承包人按照发包人提供的设计图纸，承担以下内容的施工（在□中以划√方式选定，可以选择多项）：□地基基础；□主体结构；□电气管线；□给水排水管道；□化粪池工程；□其他_____。

2. 承包方式（在□中以划√方式选定，只能选择一项）：□包工包料；□包清工；□部分承包；□其他_____。建筑材料、建筑构（配）件和设备除附件预算清单中注明由发包人提供的外，均由承包人提供。

三、合同工期

计划开工日期：_____年___月___日；计划竣工日期：_____年___月___日。工期总日历天数：____天。

四、价款支付和费用承担

1. 总价款：人民币（大写）_____（¥_____元），价款构成详见附件预算清单。经双方协商一致变更施工内容的，变更部分的费用按实增减。

2. 发包人按照以下约定向承包人支付合同价款（在□中以划√方式选定，只能选择一项）：

□按施工进度支付：

（1）开工时支付预付款人民币（大写）_____（¥_____元）；

（2）地基基础验收合格之日起____日内支付进度款人民币（大写）_____（¥_____元）；

（3）地上一层验收合格之日起____日内支付进度款人民币（大写）_____（¥_____元）；

（4）地上二层验收合格之日起____日内支付进度款人民币（大写）_____（¥_____元）；

（5）地上三层验收合格之日起____日内支付进度款人民币（大写）_____（¥_____元）；

（6）竣工结算完成后____日内付清剩余价款人民币（大写）_____（¥_____元）。

□其他付款方式：_____

3. 承包人承担其雇佣的施工人员的劳动报酬，以及因施工活动导致的施工人员或者其他人员的人身、财产损失，但是，因发包人原因导致或者加重的损失，由发包人承担。

五、施工要求

1. 发包人应当在开工____日前向承包人提供设计图纸，并保证建房地点通电、通水、通路，场地具备施工条件，与周边邻居不存在影响施工的纠纷。

2. 发包人和承包人提供的建筑材料、建筑构（配）件和设备均应当符合国家和省规定标准，除就地取材的竹、木等材料外，应当有生产合格证。发包人不得要求承包人使用不合格的建筑材料、建筑构（配）件和设备。

3. 承包人应当按照设计图纸、施工技术标准和操作规程施工，采取安全施工措施，及时发现和消除施工、消防等安全隐患。承包人应当接受发包人、设计单位或者人员、行政机关及其委托的专业机构依法实施的监督检查，对检查中发现的质量、安全隐患及时整改。

4. 承包人完成隐蔽工程施工后，应当提前____日通知发包人验收。发包人不能按时验收的，应当在验收前向承包人提出延期要求。发包人未按时进行验收，也未通知承包人延期的，承包人有权自行验收，验收结果视为发包人认可。隐蔽工程未经验收合格的，不得进入下一道工序施工。

5. 承包人完成全部施工内容，并备齐施工档案资料后，可以通知发包人进行竣工验收。发包人应当自收到通知之日起____日内组织承包人和设计、监理等单位或者人员进行竣工验收。验收合格的，发包人应当在____日内向承包人签发接受交付的凭证。验收不合格的，承包人应当返工、修复或采取其他补救措施，由此增加的费用和（或）延误的工期由承包人承担。承包人在完成返工、修复或采取其他补救措施后，应当通知发包人，按本项约定的程序重新进行竣工验收。建房未经验收或验收不合格的，发包人不得使用。

6. 承包人对建房承担质量保修责任，保修期为：地基基础和主体结构____年，屋面防水、有防水要求的卫生间、房间和外墙面防渗____年，电气管线、给水排水管道____年。保修期自竣工验收合格之日起算；建房未经竣工验收，发包人擅自使用的，保修期自其实际占有之日起算。

7. 建房经竣工验收合格的，以承包人通知发包人进行竣工验收之日为竣工日期；因发包人原因，自收到通知之日起____日内未完成竣工验收的，以承包人通知发包人进行竣工验收之日为竣工日期；建房未经竣工验收，发包人擅自使用的，以其实际占有之日为竣工日期。

六、竣工结算

承包人应当自竣工验收合格之日起____日内向发包人提供结算清单，发包人应当自收到结算清单之日起____日内完成审核，逾期未完成审核且未提出异议的，视为认可承包人提交的结算清单。承包人对发包人审核意见有异议的，应当自收到审核意见之日起____日内提出，逾期未提出异议的，视为认可审核意见。对于双方认可的结算价款，发包人应当按照本合同第四条的约定支付给承包人；对于其中一方有异议的结算价款，按照本合同第八条约定的争议解决方式处理。

七、违约责任

1. 发包人具有下列情形之一的，承担相应的违约责任：

（1）发包人未按合同约定期限和数额支付合同价款的，按日计算向承包人支付逾期应付款万分之____的违约金，逾期超过____日的，承包人可以解除合同；

（2）发包人提供的建筑材料、建筑构（配）件和设备的规格、数量或质量不符合合同约定，导致承包人返工、修复或者给承包人造成其他损失的，承担承包人相应损失；

（3）发包人违反合同约定造成停工的，按每日____元的标准向承包人支付违约金；

（4）发包人未能按照合同约定履行其他义务的，承担因此造成的承包人实际损失。

2. 承包人具有下列违约情形之一的，承担相应的违约责任：

（1）承包人违反合同约定采购和使用不合格的建筑材料、建筑构（配）件和设备，给发包人造成损失的，承担发包人相应损失；

（2）承包人施工质量不符合合同约定的，承担发包人相应损失；

（3）承包人未按合同约定期限完成施工，造成工期延误的，按每日____元的标准向发包人支付违约金，工期延误超过____日的，发包人可以解除合同；

（4）承包人未按照合同约定履行保修义务或者其他义务的，承担因此造成的发包人实际损失。

八、争议解决

因合同及合同有关事项发生的争议，双方可以通过协商、调解解决，也可以按下列方式解决（在□中以划√方式选定，只能选择一项）：

□向_____仲裁委员会申请仲裁；

□向_____人民法院提起诉讼。

九、其他事项

1. 附件预算清单是合同的组成部分。合同未尽事宜，双方可以另行签订补充协议，补充协议是合同的组成部分。

2. 本合同自双方签字或者盖章之日起生效。

3. 本合同一式____份，具有同等法律效力，发包人执____份，承包人执____份。

附件：预算清单

发包人（签字或者盖章）：_____

承包人（签字或者盖章）：_____

签订日期：_____年____月____日

第四节 施工合同履行

（一）合同履行原则

对于合同的履行应遵循以下原则：当事人应当按照约定全面履行自己的义务。当事人应当遵循诚信原则，根据合同的性质、目的和交易习惯履行通知、协助、保密等义务。当事人在履行合同过程中，应当避免浪费资源、污染环境和破坏生态。

合同生效后，当事人就质量、价款或者报酬、履行地点等内容没有约定或者约定不明确的，可以协议补充；不能达成补充协议的，按照合同相关条款或者交易习惯确定。

（二）工程变更

1. 工程变更概念

当事人协商一致，可以变更合同。工程变更是指承包人根据发包人指令、在合同工作范围内进行的各种类型的变更，包括合同工作内容的增减、合同工程量的变化、因地质原因引起的设计更改、根据实际情况引起的结构物尺寸、标高的更改、合同外的任何工作等。

承包人收到经发包人签认的变更指示后，方可实施变更。未经许可，承包人不得擅自对工程的任何部分进行变更。涉及设计变更的，应由设计人提供变更后的图纸和说明。如变更超过原设计标准或批准的建设规模时，发包人应及时办理规划、设计变更等审批手续。

工程变更往往会导致费用变更，需要严格按照合同约定及时完成费用变更相关手续，否则可能会失去补偿机会与索赔权利。

2. 工程变更范围

除专用合同条款另有约定外，合同履行过程中发生以下情形的，应按照约定进行变更：

（1）增加或减少合同中任何工作，或追加额外的工作。

（2）取消合同中任何工作，但转由他人实施的工作除外。

（3）改变合同中任何工作的质量标准或其他特性。

（4）改变工程的基线、标高、位置和尺寸。

（5）改变工程的时间安排或实施顺序。

3. 工程变更流程

施工合同变更按照以下程序：

（1）发包人提出变更：发包人提出变更的，应通过监理人或直接向承包人发出变更指示，变更指示应说明计划变更的工程范围和变更的内容。

（2）承包人提出变更建议：承包人提出变更建议的，需要向发包人以书面形式提出变更计划，说明计划变更工程范围和变更的内容、理由，以及实施该变更对合同价格和工期的影响。发包人同意变更的，应向承包人发出变更指示；发包人不同意变更的，承包人无权擅自变更。

（3）变更执行：承包人收到指示后，认为不能执行的，应立即提出不能执行该变更指示的理由。承包人认为可以执行变更的，应当书面说明实施该变更指标对合同价格和工期的影响。

4. 工程变更单价

承包人应及时与发包人协商确定变更估价。一般情况，建设工程施工合同变更单价，由承包人收到变更指示14天内提出申请，报送发包人审查，发包方应14天内审批结束。发包人逾期未完成审批或未提出异议的，视为认可承包人提交的变更估价申请。变更单价一般按以下情况确定：

（1）已标价工程量清单或预算书有相同项目的，按照相同项目单价认定。

（2）已标价工程量清单或预算书中无相同项目，但有类似项目的，参照类似项目的单价认定。

（3）变更导致实际完成的变更工程量与已标价工程量清单或预算书中列明的该项目工程量的变化幅度超过15％的，或已标价工程量清单或预算书中无相同项目及类似项目单价的，可参考市场信息价或者询价，并按照合理的成本与利润构成的原则，由合同当事人双方商定。

（三）工程签证

工程签证是施工合同履行过程中，承发包双方根据合同的约定，就合同范围之外的工程量、费用补偿、工期顺延以及因各种原因造成的损失赔偿达成的确认。一类是按合同要求需要在工程实施过程中对发生的数量进行及时签证的项目，比如合同签订时工程量或者单价暂时无法确定的暂列金额、计日工等。另一类是施工过程中因政策、环境引起的，无法在实际施工前一事一变更的项目，比如：

1. 土方开挖时的签证：地下障碍物的处理，开挖地基后，如发现古墓、管道、电缆、防空洞等障碍物时，将会同甲方、监理工程师的处理结果做好签证，如果能画图表示的尽量绘图，否则，用书面表示清楚；地基开挖时，如果地下水位过高，排地下水所需的人工、机械及材料必须签证；如出现软弱地基，处理时所用的人工、材料、机械必须签证，并做好验槽记录；现场土方如为杂土，不能用于基坑回填时，土方的调配方案必须签证，如现场土方外运的运距、回填土方的购置及其回运运距；大型土方机械合理的进出场费、次数必须签证。

2. 工程开工后，工程设计变更给施工方造成的损失，如施工图纸有误，或开工后设计变更，而施工方已开工或下料造成人工、材料、机械费用损失的签证。工程小修小改所需要的人工、材料、机械的签证。

3. 停工损失：由于甲方责任造成的停水、停电超过定额规定的范围。在此期间工地所使用的机械停滞台班、人工停窝工，以及周转材料的使用量都要签证清楚。

4. 甲方供料时，供料不及时或不合格给施工方造成损失的签证。施工方在包工包料工程施工中，由于甲方指定采购的材料不符合要求，必须进行二次加工的签证以及设计要求而定额中未包括的材料加工内容的签证。甲方直接分包的工程项目所需配合费用的签证。

5. 材料、设备、构件超过定额规定运距的场外运输，待签证后按有关规定结算；特殊情况的场内二次搬运，经甲方驻工地代表确认后的签证。

6. 续建工程的加工修理：甲方原发包施工的未完工程，委托另一施工单位续建时，对原建工程不符合要求的部分进行修理或返工的签证。

7. 工程项目以外的签证：甲方在施工现场临时委托施工单位进行工程以外的项目的签证。现场签证不可避免，为加强现场签证管理，堵塞"漏洞"，减少纠纷，做好成本控制，应注意以下问题：

（1）现场签证必须是书面形式，手续要齐全。

（2）凡预算定额内有规定的项目不得签证，以免造成纠纷。

（3）现场签证内容应明确，项目要清楚，数量要准确，单价要合理。

（4）凡非承包方原因涉及经济费用支出的停工、窝工、用工、机械台班等签证须及时完成。

（5）不适合以签证形式出现的，如议价项目、材料价格等，应在合同中约定；而合同中没约定的，应由有关管理人员以补充协议的形式约定。

（四）工程索赔

工程索赔是指在合同履行过程中，对于并非自己的过错，而是应由对方承担责任的情况造成的实际损失向对方提出经济补偿和（或）时间补偿。索赔是工程承包中经常发生的正常现象。工程承包中不可避免会出现索赔。

1. 索赔的原因

由于施工现场条件、气候条件的变化，施工进度、物价的变化，以及合同条款、规范、标准文件和施工图纸的变更、差异、延误等因素的影响，使得在建设工程合同实施过程中，可以提起索赔的原因有很多，但主要有以下几方面内容：

（1）因合同文件引起的索赔

在施工合同中，由于合同文件本身用词不严谨，前后矛盾或存在漏洞、缺陷而引起的索赔经常会出现。这些矛盾常反映为设计与施工规定相矛盾，技术规范和设计图纸不符合或相矛盾，以及一些商务和法律条款规定有缺陷，甚至引起支付工程款时的纠纷。在这种情况下，承包人应及时将这些矛盾和缺陷反映给发包人，若造成承包人施工工期延长或工程成本增加，则承包人可提出索赔要求。

（2）风险分担不均引起的索赔

不论是发包人还是承包人，在工程建设的过程中都承担各自合同风险，但是发包人通常处于主导地位，承包人往往会承担更多的风险。承包人在遇到不可预测和避免的风险时，可以通过索赔的方法来减少风险所造成的损失。

（3）不可抗力和不可预见因素引起的索赔

不可抗力包括自然、政治、经济、社会等各方面的因素。如地震、暴风雨、战争、内乱等，是发包人和承包人都无法控制的。不可预见因素是指事先没有办法预料到的意外情况，如遇到地下水、地质断层、熔岩孔洞、沉陷、地下文物遗址、地下实际隐藏的障碍物等。这些情况可能是承包人在招标前的现场考察中无法发现，而发包人在资料中又未提供的，而一旦出现这些情况，承包人就需要花费更多的时间和费用去排除这些障碍和干扰。对于这些不可抗力和不可预见因素引起的费用增加或工期延长，承包人可以提出索赔要求。

因不可抗力导致的费用增加和延误的工期，由双方按以下原则分别承担：

1）工程本身的损害，因工程损害导致第三方人员伤亡和财产损失，以及运至施工场地用于施工的材料和待安装的设备的损害，由发包人承担。

2）承发包人双方人员的伤亡损失，分别由各自负责。

3）承包人机械设备的损害及停工损失，由承包人承担。

4）停工期间，承包人应工程师要求留在施工场地的必要的管理人员及保卫人员的费用，由发包人承担。

5）工程所需清理、修复费用，由发包人承担。

6）延误的工期相应顺延。

（4）发包人方面的原因引起的索赔

如果发包人不在规定时间内付款，不按合同规定为承包人提供施工必须的条件，或发生发包人提前占有部分永久工程，提供的原始资料和数据有差错，指定的分包商违约等情况而致使承包人遭受损失的，承包人有权得到经济补偿或工期延长。对于发包人要求加速施工或进行工程变更而导致的费用增加，承包人也有权提出索赔要求。以下情况，发包人应承担违约责任：

1）发包人不按合同约定支付工程预付款，承包人应在预付款时间到期后 10 天内向发包人发出要求付款的通知，发包人收到通知后仍不付款，承包人可在发出通知 14 天后停止施工，发包人应从约定应付之日起向承包人支付应付款利息，并承担违约责任。

2）发包人不按合同约定支付工程进度款，双方又未达成延期付款协议，导致施工无法进行。承包人可停止施工，由发包人承担违约责任。

（5）物价上涨引起的索赔

各种建筑材料、机械设备以及劳动力的价格会经常波动，这些价格的变化势必会引起承包人施工成本的变化，除专用合同条款另有约定外，市场价格波动超过合同当事人约定的范围，合同价格应当调整。价格调整的方法有两种，一是采用价格指数进行价格调整，二是采用造价信息进行价格调整，具体采用哪种方法可由承发包双方在签订合同时进行约定。

（6）其他方面的原因引起的索赔

其他方面的因素引起的索赔，承发包双方应视具体情况处理。如施工过程的难度和复杂性增大，建筑业经济效益的影响，在施工合同的履行过程中，国家政策及法规发生变化。

2. 索赔的程序

《建设工程施工合同（示范文本）》规定的施工索赔程序如下：

（1）索赔事件发生28天内向发包人发出索赔意向通知。

（2）发出索赔意向通知后的28天内向发包人提出补偿经济损失或延长工期的索赔报告及有关资料。

（3）发包人在收到承包人送交的索赔报告和有关资料后，于28天内给予答复，或要求承包人进一步补充索赔理由和证据。

（4）发包人在收到承包人送交的索赔报告和有关资料后28天内未给予答复，或未对承包人作进一步要求，视为该项索赔已经认可。

（5）当该索赔事件持续进行时，承包人应当阶段性向发包人发出索赔意向，在索赔事件终了后28天内向发包人提供索赔的有关资料和最终索赔报告。

3. 索赔的依据

由于证据资料不足会导致索赔失效，索赔人已经发生的损失将得不到补偿，因此承发包双方均要注意索赔依据的收集和保存。索赔的依据要注意"五性"，即真实性、完整性、时效性、全面性及法律证明效力性。

施工过程中应及时保存好初步设计图纸、施工图纸、设计变更图纸、业主的书面指令、洽商记录、信函文件以及每周例会纪要、增加费用或支出的原始合同、实物照片等原始资料，以下文件和资料都有可能是施工索赔的重要依据：

（1）招标文件、投标书、中标通知书、工程预算书、工程量清单、施工合同及附件、工程图纸技术规范、设计文件及有关技术资料、发包人认可的施工组织设计文件、开工报告、工程竣工质量验收报告。

（2）工程各项有关设计交底记录、变更图纸、变更施工指令。

（3）工程各项经发包人、监理工程师签字的签证。

（4）工程各项会议纪要、协议、往来信件、指令、信函、通知、答复。

（5）施工计划及现场实施情况记录、施工日报及工长日志、备忘录。

（6）工程送电、送水，道路开通、封闭的日期记录。

（7）工程停水、停电和干扰事件影响的日期及恢复施工的日期。

（8）工程预付款、进度款拨付的日期及数额记录。

（9）工程有关施工部位的照片及录像。

（10）每天的天气记录，工程会计核算资料。

（11）工程材料采购、订购、运输、进场、验收、使用等方面的凭据。

（12）国家、省、市有关影响工程造价、工期的文件。

（13）相关的法律法规。

第五节　合同终止

（一）合同的终止

根据《民法典》规定，有下列情形之一的，债权债务终止：

1. 债务已经履行。

2. 债务互相抵销。

3. 债务人依法将标的物提存。

4. 债权人免除债务。

5. 债权债务同归于一人。

6. 法律规定或当事人约定的其他情形。

7. 合同解除，权利义务必然终止。

一般情况，工程已竣工验收，交付使用，工程款项已结清，约定年限内质量保修责任已履行，建设及施工资料已按要求归档，合同履行全部完成后合同即终止。但工程设计使用年限内，由施工引起的质量问题，特别是严重的结构质量问题，承包人仍需承担相应责任。

（二）工程质量保修

承包人的原因造成房屋建筑工程的质量不符合工程建设强制性标准以及合同的约定，并在保修范围和保修期限内时，承包人应履行保修义务。

1. 保修范围

（1）屋面、地下室、外墙、阳台、厕所、浴室以及厨房、厕浴间等处渗水、漏水。

（2）各种通水管道（包括自来水、热水、污水、雨水等）漏水，各种气体管道漏气以及通气孔和烟道不通。

（3）水泥地面有较大面积的空鼓、裂缝或起砂。

（4）内墙抹灰有较大面积起泡，乃至空鼓脱落或墙面浆活起碱脱皮，外墙粉刷自动脱落。

（5）暖气管线安装不良，局部不热，管线接口处及卫生级活接口处不严而造成漏水。

（6）其他由于施工不良而造成的无法使用或使用功能不能正常发挥的工程部位。

（7）凡是由于用户使用不当而造成建筑功能不良或损坏不属于承包人保修范围。

2. 保修时间

根据《建设工程质量管理条例》等规定，在正常使用条件下，建设工程的最低保修期限为：

（1）基础设施工程、房屋建筑的地基基础工程和主体结构工程，为设计文件规定的该工程的合理使用年限。

（2）屋面防水工程、有防水要求的卫生间、房间和外墙面的防渗漏，为五年。

（3）供热与供冷系统，为两个供热期、供冷期。

（4）电气管线及排水管道、设备安装和装修工程，为两年。

其他项目的保修期限由发包方与承包方约定，建设工程的保修期自竣工验收合格之日起计算。建设工程在保修范围和保修期限内发生质量问题的，承包方应履行保修义务，并对造成的损失承担赔偿责任。

3. 保修流程

（1）签订保修书

工程竣工验收时，承包方和发包方应签订《工程质量保修书》。保修书的内容包括工程质量保修范围和内容、质量保修期、质量保修责任、保修费用以及双方约定的其他事项，保修书还应附有保修人的详细地址、联系电话等信息。

（2）检查和修理

在保修期内，发包方发现房屋的使用功能不良，且是施工质量引起的，可以口头或书面方式向承包方说明情况，并要求派人检查修理。承包方须尽快派人前往检查，并会同发包方进行质量鉴定，提出修理方案，并尽快进行修理。若发生涉及结构安全或者严重影响使用功能的紧急抢修事故，承包人接到保修通知后，应立即到达现场抢修。

（3）修理后验收

保修完成后，由发包人组织验收，并在保修证书的"保修记录"栏内做好记录，发包方验收签认后，修理工作完结。若修理涉及结构安全的，还应报当地建设行政主管部门备案。

4. 保修责任

工程建设情况比较复杂，质量问题往往由多种原因造成，因此需根据问题的性质、内容以及检查修理的实际情况，由承发包双方共同确定保修责任，并合理承担修理费用和造成的损失。保修责任一般有以下几种情况：

（1）由于承包方施工责任造成的，则由承包方承担全部检修费用。

（2）由于承发包双方的责任造成的，双方共同商定各自承担的修理费用。

（3）由于发包方的设备、材料、成品、半成品等质量不好等原因造成的，由发包方承担全部修理费用。

（4）在保修期限内，因房屋建筑工程的质量缺陷造成第三方人身、财产损失的，由受损失人向发包方提出赔偿要求，发包方再向责任方追偿，因保修不及时造成新的人身、财产损害，由造成拖延的责任方承担赔偿责任。

（5）发包人供应的材料、构配件或设备不合格造成的质量缺陷，由发包人自行承担经济责任。

（6）因地震、洪水、台风等不可抗力原因造成损坏，或非施工原因造成的紧急抢修事故，承包方不承担经济责任。

不属于承包人责任，但使用人有意委托进行修理维护时，承包人应为使用人提供修理维护等服务，并在协议中约定。承发包双方根据工程合理使用年限，采用质量保险方式进行保修的，承包人应按约定的保修承诺，履行保修职责和义务。

5. 质量保证金

质量保证金是指发包人与承包人在建设工程承包合同中约定，从应付的工程款中预留，用以保证承包人在缺陷责任期内对建设工程出现的缺陷进行维修的资金。在合同条款中对涉及保证金的下列事项进行约定。

（1）保证金预留、返还方式。

（2）保证金预留比例、期限。

（3）保证金是否计付利息，如计付利息，应约定利息的计算方式。

（4）缺陷责任期的期限及计算方式。

（5）保证金预留、返还及工程维修质量、费用等争议的处理程序。

（6）缺陷责任期内出现缺陷的索赔方式。

（7）质量保证金的预留。

（8）从向承包方第一次支付的工程进度款开始扣除，直至保证金总额达到合同规定的金额或比例为止。

（9）质量保证金的计算额度不包括预付款的支付、扣回以及价格调整的金额。

（10）在约定的缺陷责任期满时，承包人向发包人申请到期应返还承包人剩余的质量保证金金额，发包人应在 14 天内会同承包人按照合同约定的内容核实承包人是否完成缺陷责任。如无异议，发包人应当在核实后将剩余保证金返还承包人。

（11）在约定的缺陷责任期满时，承包人没有完成缺陷责任的，发包人有权扣留与未履行责任剩余工作所需金额相应的质量保证金余额，并有权根据合同约定要求延长缺陷责任期，直至完成剩余工作为止。

（三）施工回访

工程回访制度是工程交付使用后保修期内，由承包人主动向发包人进行回访，一方面可了解使用情况和发生的问题，另一方面也可赢得发包人好评，提高承包人信用。对于使用功能不良或质量问题，由承包人负责修理，恢复正常使用，所需费用根据合同约定由责任人承担。

1. 回访计划

回访应纳入承包人的工作计划、服务控制程序和质量体系中。回访工作计划包括以下内容：

（1）确定回访工作的负责人。

（2）明确回访的工程名称。

（3）确定回访的对象（发包人或使用人）。

（4）明确回访时间安排和主要内容。

2. 回访方式

工程竣工验收后应由承包人组织技术、质量、管理等有关人员进行质量回访。回访可组织座谈会或意见听取会，并察看建筑物和设备的运转情况等，发现问题立即采取有效措施，及时加以解决。回访一般有以下三种方式。

（1）季节性回访。比如雨季回访屋面、墙面的防水、排水工程和通风工程情况，冬期回访锅炉房及供热系统的情况。

（2）技术性回访。比如适时回访工程新材料、新技术、新工艺、新设备等的技术性能和使用后的效果以及技术状态。

（3）保修期满前回访。一般是在保修即将届满之前进行回访，及时解决存在的问题，并顺利结束保修期。

3. 回访意义

工程回访是工程建成后的管理，体现了承包人对施工产品负责的契约精神和服务意识，具有如下意义：

（1）有利于承包人重视施工过程管理，提升工程施工质量意识。

（2）有利于及时听取用户意见，发现问题，找到工程质量的薄弱环节和工程质量通病，不断改进施工工艺，提高施工、技术和质量管理水平。

（3）有利于加强承包人和用户的联系沟通，增强用户对承包人的信任，提高承包人的社会信誉。

第七章　施工组织

第一节　施工部署

施工部署是对项目实施过程做出的统筹规划和全面安排，包括项目施工主要目标、施工顺序及空间组织、施工组织安排等。

工程开工前，应根据施工合同的要求及项目实际情况确定施工目标，包括进度、质量、安全、环境和成本等，并依据施工目标进行部署。常规建筑的施工一般包括地基基础、主体结构、装修装饰和机电设备安装四个阶段（本节仅阐述基础、主体两个施工阶段），在施工部署中应明确工程的主要施工内容、施工流程及进度安排，施工顺序应符合工序逻辑关系。

在乡村建设工程中，常见类型的房屋建筑可按以下主要施工内容及流程组织施工。

（一）砖混结构

1. 基础阶段施工

（1）砖石基础

测量放线→土方开挖→验槽→垫层浇筑并养护→砖石基础砌筑→基础圈梁钢筋、模板安装→隐蔽验收→基础圈梁混凝土浇筑并养护→土方回填。

（2）混凝土基础

测量放线→土方开挖→验槽→垫层浇筑并养护→基础支模（木模或砖胎模）→基础钢筋绑扎→隐蔽验收→基础混凝土浇筑并养护→基础墙砌筑→土方回填。

2. 主体阶段施工

（1）现浇楼板

测量放线→一层墙体砌筑→构造柱钢筋绑扎、封模→构造柱混凝土浇筑并养护→现浇楼板模板及支撑安装→圈梁及楼板钢筋安装→管线预埋→圈梁封模→隐蔽验收→楼板、圈梁混凝土浇筑及养护→上一层结构施工。

（2）预制楼板

测量放线→一层墙体砌筑→构造柱钢筋绑扎、封模→构造柱混凝土浇筑并养护→圈梁钢筋、模板安装→圈梁混凝土浇筑及养护→预制楼板安装→上一层结构施工。

（二）框架结构

1. 基础阶段施工

土方开挖→验槽→垫层浇筑并养护→基础支模（木模或砖胎模）→基础钢筋绑扎（预留柱插筋）→隐蔽验收→基础混凝土浇筑并养护→土方回填。

2. 主体阶段施工

（1）梁柱整体支模分段浇筑（适用于层高≥4m 的情况）

测量放线→首层柱钢筋接长→梁板支架搭设→柱钢筋绑扎→柱、梁、板模板安装→梁、板钢筋安装→管线预埋→隐蔽验收→柱混凝土浇筑并养护（浇筑至梁底）→梁板混凝土浇筑并养护→上一层结构施工。

（2）梁柱整体支模整体浇筑（适用于层高＜4m 的情况）

测量放线→首层柱钢筋接长→梁板支架搭设→柱钢筋绑扎→柱、梁、板模板安装→梁、板钢筋安装→管线预埋→隐蔽验收→梁、板、柱混凝土浇筑并养护→上一层结构施工。

第二节　施工资源配置计划

施工资源配置计划包括劳动力配置计划和物资配置计划等，物资配置包括材料（工程材料、周转材料）、设备及施工机具等的配置。

（一）劳动力配置计划

1. 劳动力组织

施工现场劳动力一般是指技能工人，包括承担砌筑、钢筋、模板、木作、混凝土、抹灰、油漆、防水、水电等工作的操作人员。

应根据项目特征合理组织劳动力，依据项目需求对劳务人员进行专项培训及各项交底，特殊工种和相关人员应按规定持证上岗。

2. 劳动量确定

如工程量不大可以根据施工经验直接确定劳动力的数量。

如工程量较大或缺乏相应的施工经验时，可计算或估算工程量，再依据劳动定额计算出总用工量。

计算出总用工量（劳动量）后，根据施工进度计划、排班制确定工种类别、进场时间和工人数，汇集成表格形式，作为现场劳动力调配的依据。由于施工现场是动态的，劳动力的配置需要根据不同施工阶段进行编制，见表 7-1。

表 7-1　主体施工阶段劳动力配置计划表

序号	工种	数量	进场时间	备注
1	钢筋工	20	2022.6.5	基础施工阶段进场
2	架子工	15	2022.7.15	主体施工阶段进场
3	模板工	20	2022.6.5	基础施工阶段进场

（二）材料配置计划

根据施工部署及进度计划，确定所需材料名称、规格、数量和进场时间，并汇集成表格形式。它可作为备料、确定堆场和仓库面积，以及组织运输的依据，见表 7-2。

表 7-2　建筑材料需求计划表

序号	材料名称	规格	需要量		需要时间								
					3月			4月			5月		
			单位	数量	I	II	III	I	II	III	I	II	III
1	水泥	PC32.5	t	80	5	5	10	10	20	10	5	5	10

（三）主要施工机械设备配置计划

根据工程的具体内容、工艺要求及现场实际情况确定所需的施工机械设备的种类、规格、型号及数量。

机械设备数量可参照劳动量的确定方法，依据类似施工经验或由工程量及机械台班使用定额计算确定。根据施工进度计划、台班制要求，将机械设备的规格、型号、数量、进退场时间等汇集成表格形式，作为现场机械设备调配的依据。由于施工现场是动态的，机械设备的配置需要根据不同施工阶段进行编制，见表 7-3。

表 7-3　基础施工阶段机械设备配置计划表

序号	机械设备名称	型号	规格	功率（kW）	需要量（台）	进场时间	退场时间
1	混凝土搅拌机	自落式	JZC250	5.5	2	2022.10.15	2022.11.2

（四）主要施工机械设备

小型房建工程施工现场的主要机械设备及各项参数，见表 7-4。

表 7-4　小型房建工程主要机械设备及各项参数表

序号	机械设备名称	型号示例	功率（kW）	用途	备注
1	挖掘机	PC200LC-6	114	土方开挖	
2	物料提升机(井架)	JJS-100	7.5	材料垂直运输	
3	闪光对焊机	UN1-75	75(kVA)	梁钢筋焊接	
4	电渣压力焊机	B×3-1000	160(kVA)	柱钢筋焊接	
5	钢筋弯曲机	GW32	2.2	钢筋弯曲加工	
6	钢筋调直机	GT6-12	15	盘条钢筋调直加工	
7	钢筋切断机	GQ40A	4	钢筋切断加工	
8	电弧焊机	BX3-300-2	23.4(kVA)	钢筋搭接焊	
9	木工圆盘锯	MJ104	3	模板加工	
10	混凝土搅拌机	JZC350	5.5	自拌混凝土制作	
11	插入式混凝土振捣器	ZN-35	0.58	混凝土振捣	
12	平板振动机	ZW-3.5	0.75	混凝土振捣	

第三节　施工现场平面布置

项目开工后，围绕施工对象开展的施工活动，一般限定在一定的区域内（不超出用地红线），提前规划好施工临时用地，按照功能进行分区，布置好施工道路、办公、生活用房等临时设施，合理安排材料堆场、仓库、加工场地等，以便施工活动正常、有序开展，这个过程称为施工平面布置。施工平面布置的内容和原则可根据乡村建设的规模大小作适当调整。

（一）施工平面布置的内容

施工现场平面布置图应包括下列内容：

1. 工程施工场地状况。
2. 拟建建（构）筑物的位置、轮廓尺寸、层数等。
3. 工程施工现场的加工设施、存贮设施、办公和生活用房等的位置和面积。
4. 布置在工程施工现场的垂直运输设施、供电设施、供水设施、排水排污设施和临时施工道路等。
5. 施工现场必备的安全、消防、保卫和环境保护等设施。
6. 相邻的地上、地下既有建（构）筑物及相关环境。

（二）施工平面布置的原则

施工平面布置应符合下列原则：

1. 平面布置科学合理，施工场地占用面积少。
2. 合理组织运输，减少二次搬运。
3. 施工区域的划分和场地的临时占用应符合施工部署和施工流程的要求，减少相互干扰。
4. 充分利用既有建（构）筑物和既有设施为项目施工服务，降低临时设施的建造费用。
5. 临时设施应方便施工和生活，办公区、生活区和生产区宜分离设置。
6. 符合节能、环保、安全和消防等要求。
7. 遵守当地施工现场安全文明施工的相关规定。
8. 施工现场平面布置应根据施工阶段的不同进行动态调整。

（三）施工平面布置的步骤

施工现场平面布置宜按照以下流程进行布置：

1. 首先按照确定的施工范围确定施工围墙或围挡的位置。
2. 根据场地周边的环境及主干道位置确定施工主要出入口。
3. 确定办公区、生活区等临时设施的布置。
4. 大型机械设备定位。
5. 确定场内临时道路的布置。

6. 确定钢筋加工、模板加工等加工区的布置。

7. 确定工程材料及周转材料的堆场。

8. 确定临时用水用电的布置。

第四节　施工进度控制

（一）施工工期

施工工期是指合同约定的承包人完成工程所需的期限。施工工期一般是指从开工日期至竣工日期所经历的时间。一般施工合同规定的施工工期采用日历天，所谓日历天，是指按照日历计算的工期天数，不扣除节假日、各种设计、材料、气候原因导致的停工日数量。

1. 开工日期

对于新建工程，设计文件中规定的任何一项永久性工程第一次正式破土开槽或正式打桩视为开工。一般将施工合同中约定的开工日期视为计划开工日期，将监理人或业主签署的符合法律规定的开工通知、开工报告中载明的开工日期视为实际开工日期。

2. 竣工日期

竣工日期是指工程竣工验收通过，承包人提交竣工验收申请报告的日期。

（二）施工进度计划

施工进度计划采用图文、图表等方式，说明施工的主要内容，表达施工过程的工艺关系、组织关系，确定每一项内容的开始时间、持续时间以及计划工期等。施工进度计划常用网络图或横道图表达。网络图的特点是能够清晰表达工艺间的逻辑关系，方便计划的动态调整和优化，缺点是编制和计算较复杂，不够直观，一般用于大型或较复杂项目，如图7-1所示。横道图的特点是直观、易读、易绘制，一般用于中小型项目，如图7-2所示。

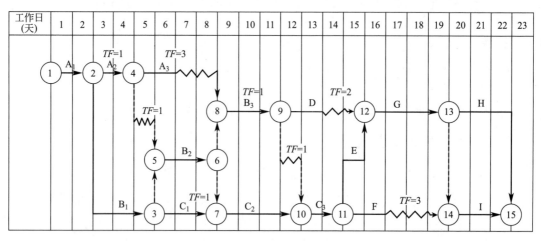

图 7-1　施工进度计划网络图

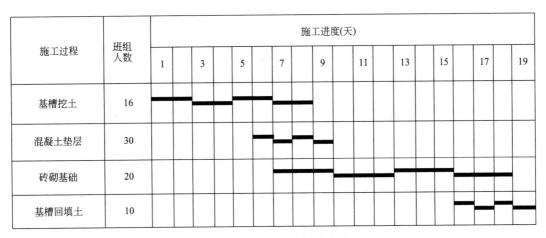

施工过程	班组人数	施工进度(天)									
		1	3	5	7	9	11	13	15	17	19
基槽挖土	16										
混凝土垫层	30										
砖砌基础	20										
基槽回填土	10										

图 7-2 施工进度计划横道图

（三）施工进度计划编制

本节主要阐述采用横道图编制施工进度计划的方法。

以图 7-2 为例，一般中小型房屋建筑工程的进度计划横道图绘制步骤如下：

1. 根据施工合同及施工部署要求，确定本项目的计划工期，一般情况下，计划工期不能超过要求工期。

2. 确定施工过程（施工内容），施工过程的粗细程度跟进度计划的性质有关，一般控制性进度计划，施工过程可以粗一些，可执行的月、旬计划可以细一些。

3. 采用倒排工期法，合理配置劳动力及施工资源，根据经验或估算确定每个施工过程的持续时间。

4. 将施工对象划分成工程量大致相等的施工段落（简称施工段），尽量组织流水施工，各施工过程之间合理搭接、穿插施工。

5. 相邻两个施工过程的间隔时间除要考虑工艺关系外，还应考虑组织关系，比如垫层混凝土浇筑完毕，需要留出养护的时间，待混凝土强度达到要求后方可进行基础砌筑。

6. 主要的、关键的施工过程尽量保证在各个施工段上连续、均衡作业，次要的、辅助的工序可以考虑与相邻的施工过程合并，或在有利于缩短工期的前提下，安排其间断施工。

7. 绘制横道图表格，将施工过程按照基本的工艺顺序填写在第一列，可以在后面几列中根据需要增加劳动力数量等信息。表格顶部填写时间，根据工期的长短确定合适的比例，工期较长可以按月进行绘制，工期较短可以按日进行绘制。

（四）施工进度计划控制措施

施工项目进度控制的措施主要有管理措施、组织措施、技术措施、经济措施等。

1. 管理措施

项目签订的各类合同中，规定的提供服务时间应与进度控制目标保持一致。项目开始后，需要对进度计划的实施情况加以跟踪，将实际进度与计划进度进行对比，分析偏差原因，找到影响工期的关键因素并进行动态调整。

选择长期合作的、信誉及品质有保障的供应商，根据资源需求配置计划，提前联系材料采购及设备租赁，保质保量及时供应，避免影响进度。

2. 组织措施

按照进度计划组织队伍进场，控制弹线、机械转移等组织间歇时间，尽量避免工作面闲置或窝工。

人员分工、劳动力组织应明确，避免因职责不清、工作推诿而影响进度。工期紧张时，制定加班计划，明确加班任务、人员、物资及时间，做好加班后勤保障，有条件时，增加劳动力等资源配置，开展平行施工。

科学合理地组织好各项施工准备，做好现场施工平面的布置，避免因施工准备不到位、现场布置混乱产生的二次搬运、场地冲突或返工等造成的工期延误。

3. 技术措施

借助网络图、横道图等进度计划手段，合理安排各项工作。对于较复杂项目，召集作业人员共同确定最优施工方案，详细交底后实施，同时根据项目的实际情况，不断优化施工流程、创新施工方法、减少无效作业，提高施工效率。

4. 经济措施

应有保证进度目标的资金，对进度实施过程中的相关责任人，根据实际情况给予经济奖励或处罚。

第五节　工期索赔

工期索赔，一般是指承包人依据合同，对由于非自身原因导致的工期延误，向发包人提出的工期顺延要求，其目的是取得业主对于合理延长工期合法性的确认。施工过程中，许多原因都可能导致工期拖延，但只有在某些情况下才能进行工期索赔，见表7-5。

表 7-5　工期拖延与索赔情况

种类	原因责任者	处理
可原谅不补偿延期	责任不在任何一方 如:不可抗力、恶性自然灾害	工期索赔
可原谅应补偿延期	业主违约 非关键线路上工程延期引起费用损失	费用索赔
	业主违约 导致整个工程延期	工期及费用索赔
不可原谅延期	承包商违约 导致整个工程延期	承包商承担违约罚款并承担违约后业主要求加快施工或终止合同所引起的一切经济损失

在工期索赔中，首先要确定索赔事件发生对施工活动的影响及引起的变化，然后再分析施工活动变化对总工期的影响。

（一）采用"简单加总法"计算索赔工期

在施工过程中，由于恶劣气候、停电、停水及意外风险造成全面停工而导致工期拖延时，可以——列举各种原因引起的停工天数，累加结果，作为索赔天数。

应该注意的是，由多项索赔事件引起的总工期索赔，不可以用各单项工期索赔天数简单相加，最好用网络分析法计算索赔工期。

在实际施工过程中，工期延误很少是单一因素造成的，往往是两三种原因同时发生（或相互作用）造成的，称为"共同延误"。在这种情况下，要具体分析哪一种情况延误是有效的，应依据以下原则确认：

1. 首先判断造成延误的哪一种原因是最先发生的，即确定"初始延误"者，它应对工程延误负责。在初始延误发生作用期间，其他并发的延误者不承担拖期责任。

2. 如果初始延误者是发包人原因，则在发包人原因造成的延误期内，承包人既可得到工期补偿，又可得到费用补偿。

3. 如果初始延误者是客观原因，则在客观因素发生影响的延误期内，承包人可以得到工期补偿，但很难得到费用补偿。

4. 如果初始延误者是承包人原因，则在承包人原因造成的延误期内，承包人既不能得到工期补偿，也不能得到费用补偿。

（二）采用比例分析法计算索赔工期

比例分析法比较简单，适用于索赔事件仅影响单位工程或分部分项工程的工期，该方法主要应用于工程量有增加时的工期索赔。计算公式为：

$$工期索赔值＝原合同总工期×\frac{额外或新增工程量价格}{原合同总价}$$

上式比例中，也可以用工程量进行对比计算。在使用比例法时要注意：在实际施工中，如果工程量超过合同中的工程量，承包人为完成工程就要花费更多的时间，承包人可以按照工程量增加的同等比例要求延长工期。但是如果合同里有规定，工程量增减10％为承包人应承担的风险，则超过10％的工程量增加才可计算索赔。

［例］某工程基础施工中出现了意外情况，导致工程量由原来 2800m³ 增加到 3500m³，原定工期是 40 天，则承包人可以提出的工期索赔值是：

工期索赔值＝原合同总工期×新增工程量/原合同工程量

＝40×（3500－2800）÷2800＝10 天

本例中，如果合同规定工程量增减10％为承包商应承担的风险，则工期索赔值应为：

工期索赔值＝40×（3500－2800×110％）÷2800＝6 天

第八章 施工质量控制

第一节 施工质量控制概述

质量控制是在明确的质量目标条件下，通过行动方案和资源配置的计划、实施、检查和监督，来实现预期目标的过程。主要可以将其分为三个阶段，即质量的事前质量控制、事中质量控制和事后质量控制。

(一) 事前质量控制

事前质量控制是指在正式施工前进行的质量控制，其控制重点是做好施工准备工作，并应贯穿于施工的全过程。

(二) 事中质量控制

事中质量控制是指在施工过程当中确保工序质量合格，杜绝质量事故的发生，也称为过程质量控制。

(三) 事后质量控制

事后质量控制是为防止不合格的工序流入后道工序，也称为事后质量把关。事后质量控制的任务是对质量活动结果进行评价、认定，对工序质量偏差进行纠偏。

以上为质量控制的三大阶段，这些环节并不是孤立和截然分开的，它们之间构成有机的系统过程，并在每一次循环中不断改进提高，达到持续改进质量管理和质量控制的目的。

第二节 事前质量控制

(一) 质量控制要点

施工合同签订后，在施工准备阶段，首先，乡村建设带头工匠应组织施工人员熟悉图纸、有关施工技术规范以及操作工艺标准，并对图纸中存在的问题和疑点、图纸的补充及修改等提出必要的意见。通过技术交底，施工人员进一步了解设计意图、工程结构特点、技术难点及工艺要求等。

其次是对施工材料做好检验工作。材料的质量是工程质量的基础，材料的质量一定要严格验收，把好施工材料检查验收关，正确合理地使用材料，建立管理台账，进行收、发、储、运等各环节的管理，避免混料及将不合格的原材料使用到工程上。

最后应合理地选择施工机械设备。在设备进场时，应检查施工机械设备生产厂家的资格是否合格，施工机械设备的类型、性能、参数等与施工现场的实际条件、施工工艺、技术要求等因素是否相匹配，是否符合施工生产的实际要求。

（二）主要施工材料进场质量控制

材料的选用应符合国家相关标准和规定，在进场时，材料应经过验收，检查其外观、尺寸、重量、颜色等方面是否符合要求，并检查相应的质量合格证明和检验报告是否完整。如有必要可对其质量进行取样检验，各主要建筑材料取样方法见表8-1。

表8-1　各主要建筑材料取样方法

序号	材料名称		取样单位	取样数量	取样方法
1	通用水泥		同生产厂、同品种、同强度等级、同编号水泥。散装水泥≤500t/批，袋装水泥≤200t/批。存放期超过3个月必须复试	≥12kg	①散装水泥：在卸料处或输送机上随机取样。当所取水泥深度不超过2m时，采用散水泥取样管，在适当位置插入一定深度取样；②袋装水泥：在袋装水泥堆场取样。用袋装水泥取样管，随机选择20个以上不同部位，插入适当深度取样
2	钢筋混凝土用钢筋	热轧带肋钢筋	钢筋、钢丝、钢绞线均按批检查，每批由同一厂别、同一炉罐号、同一规格、同一交货状态、同一进场（厂）时间组成，≤60t/批	拉伸2根冷弯2根	①试件切取时，应在钢筋或盘条的任意一端截取500mm；②凡规定取2个试件的（低碳钢热轧圆盘条冷弯试件除外）均从任意两根（或两盘中）分别取取，每根钢筋上切取一个拉伸试件，一个冷弯试件；③低碳钢热轧圆盘条冷弯试件应取自同盘的两端；④试件长度：拉力（伸）试件 $L \geqslant 5d/10d + 200$mm；冷弯试件 $L \geqslant 5d + 150$mm（d 为钢筋直径）；⑤化学分析试件可利用力学试验的余料钻取，如单项化学分析可取 $L = 150$mm（1～5条亦适合其他类型钢筋取样）
		热轧光圆钢筋		拉伸2根冷弯2根	
3	冷轧带肋钢筋		按批检验，每批由同一牌号、同一外形、同一规格、同一生产工艺和同一交货状态组成，≤60t/批	拉伸逐盘1个，冷弯每批2个	
4	砖砌块	烧结普通砖	同一产地、同一规格（其他砖和砌块亦同），≤15万块/批	强度10块	预先确定抽样方案，在成品堆（垛）中随机抽取，不允许替换
		烧结多孔砖			
		普通混凝土小型空心砌块	≤1万块/批	强度5块	预先确定抽样方案，在成品堆（垛）中随机抽取，不允许替换（抗冻10块，相对含水率、抗渗、空心率各3块）
5	砂		同分类、规格、适用等级及日产量≤600t/批，日产量超过2000t时，≤1000t/批	101.2kg	①在堆料上取样时，取样部位应均匀分布。取样前先将取样部位表层铲除，然后从不同部位抽取大致等量的砂8份，组成一组样品；②从皮带传输机上取样时，应用接料器在皮带运输机机尾的出料处定时抽取大致等量的砂4份，组成一组样品；③从火车、汽车、货船上取样时，从不同部位和深度抽取大致等量的砂8份，组成一组样品

序号	材料名称		取样单位	取样数量	取样方法
6	碎(卵)石		同分类、规格、适用等级及日产量≤600t/批,日产量超过 2000t 时,≤1000t/批,日产量超过 5000t 时,≤2000t/批	依不同粒径而不同(最大粒径31.5mm 时,取样 233.5kg)	①在堆料上取样时,取样部位应均匀分布。取样前先将取样部位表层铲除,然后从不同部位抽取大致等量的石子 15 份(在堆料的顶部、中部和底部均匀分布的 15 个不同部位取得),组成一组样品; ②从皮带传输机上取样时,应用接料器在皮带运输机机尾的出料处定时抽取大致等量的石子 8 份,组成一组样品; ③从火车、汽车、货船上取样时,从不同部位和深度抽取大致等量的石子 16 份,组成一组样品
7	轻骨料		同一产地、同一规格、质量验收应划分为同一进场时间,≤300m³/批	最大粒径≤20mm:60L最大粒径>20mm:80L	①对均匀料进行取样时,试样可以从堆料锥体自上而下的不同部位、不同方向任选 10 个点抽取,但要注意避免抽取离析的面层的材料。取样后缩取至所需数量; ②从袋装料抽取试样时,应从不同位置和高度的 10 个袋中抽取后再缩取
8	粉煤灰		连续供应的同厂别、同等级,≤20t/批	平均试样	①散装粉煤灰:从不同部位取 10 份试样,每份试样不少于 1kg,混合均匀,按四分法缩取比试验所需量大一倍的样(称为平均试样); ②袋装粉煤灰:从每批中任抽 10 袋,并从每袋中各取试样不少于 1kg,混合均匀,按四分法缩取比试验所需量大一倍的样
9	建筑石油沥青、道路石油沥青		同一厂家、同一品种、同一标号,≤20t/批	1kg	从均匀分布(不少于 5 处)的部位,取洁净的等量试样,共 1kg
10	防水涂料	聚氨酯防水涂料	同一厂家、同一品种、同一进场时间(其他涂料亦同),甲组分≤5t/批;乙组分按产品重量配比组批	2kg	随机抽取桶数不低于 $n/2$ 的整桶样品(n 是交货产品的桶数),逐桶检查外观。然后从初检过的桶内不同部位取相同量的样品,混合均匀
		溶剂型橡胶沥青防水涂料	≤5t/批		
		聚氯乙烯弹性防水涂料	≤20t/批		同聚氨酯防水涂料
		水性沥青基防水涂料	以每班的生产量为一批		

续表

序号	材料名称		取样单位	取样数量	取样方法
11	防水卷材	石油沥青油毡	同一厂家、同一品种、同一标号、同一等级（其他卷材亦同），≤1500 卷/批	500mm 长2 块	任抽一卷切除距外层卷头 2500mm 后，顺纵向截取长为 500mm 的全幅卷材 2 块，一块做物理试验，另一块备用
		改性沥青聚乙烯胎防水涂料	≤10000m² /批	1000mm 长 2 块	任抽 3 卷，放在 15～30℃ 室温下至少 4h。从中抽 1 卷，在距端部 2000mm 处顺纵向截取长 1000mm 的全幅 2 块
		弹（塑）性体沥青防水卷材	≤1000 卷/批	800mm 长2 块	样品长为 800mm，其他同石油沥青油毡
		三元丁橡胶防水卷材	同规格、同等级，≤300 卷/批	0.5m 长1 块	任抽 3 卷。从被检测厚度的卷材上切取 0.5m，进行状态调节后切取试样
		聚氯乙烯防水卷材、氯化聚乙烯防水卷材	≤5000m² /批	3000mm 长 1 块	任抽 3 卷。从外观质量合格的卷材中，任取 1 卷，截取 300mm 后，纵向截取 3000mm 作为样品，并进行状态调节
12	混凝土预制构件		在生产工艺正常下生产的同强度等级、同工艺、同结构类型构件，≤1000 件/批，且≤3 个月/批；当连续 10 批抽检合格，可改为 2000 件/批，且 ≤ 3 个月/批	正常 1 件复检 2 件	随机抽取。抽样时宜从设计荷载最大、受力最不利或生产数量最多的构件中抽取
13	混凝土		同一强度等级、同一配合比、同一生产工艺的混凝土,应在浇筑地点随机取样。强度试件（每组 3 块）的取样与留置规定如下： ①每拌制 100 盘且不超过 100m³ 的同配合比的混凝土，取样不得少于一次； ②每工作班拌制的同配合比的混凝土不足 100 盘时，取样不得少于一次； ③当一次连续浇筑超过 1000m³ 时，同一配合比的混凝土每 200m³ 取样不得少于一次； ④每一现浇楼层同配合比的混凝土，取样不得少于一次； ⑤每次取样应至少留置一组标准养护试件，同条件养护试件的留置组数应根据实际需要确定		
14	砂浆		同一强度等级、同一配合比的砂浆,应在搅拌机出料口随机抽取，强度试件每组 6 个立方体试样。每一检验批且不超过 250m³ 砌体的各种类型及强度等级的砌筑砂浆，每台搅拌机应至少抽检一次		

第三节　事中质量控制

在施工过程中，需要全面掌握影响施工质量的各种因素，并进行有效的动态控制。控制的重点是工序质量的检验、质量控制点的设置。

111

（一）工序质量控制

工序质量包含两方面的内容，一是工序活动条件的质量，二是工序活动效果的质量。从工序质量控制的角度来看，二者是相辅相成的。工序质量控制就是把工序质量的波动限制在要求界限内所进行的质量控制活动。

工序质量的检验主要可以归纳为八个字：看、摸、敲、照、靠、量、吊、套。

1. 看：根据质量标准要求进行外观检查，例如，清水墙面是否洁净，喷涂的密实度和颜色是否良好、均匀，工人的操作是否正常，内墙抹灰的大面及口角是否平直，混凝土外观是否符合要求等。

2. 摸：通过触摸手感进行检查、鉴别，例如：油漆的光滑度，浆活是否牢固、不掉粉等。

3. 敲：运用敲击工具进行音感检查，例如：对地面工程、装饰工程中的水磨石、面砖、石材饰面等，均应进行敲击检查。

4. 照：通过人工光源或反射光照射，检查难以看到或光线较暗的部位，例如：管道井、电梯井等内部管线、设备安装质量，装饰吊顶内连接及设备安装质量等。

5. 靠：用直尺、塞尺检查，例如：墙面、地面、路面等的平整度检查。

6. 量：用测量工具和计量仪表等检查断面尺寸、轴线、标高、湿度、温度等的偏差，例如：大理石板拼缝尺寸、摊铺沥青拌合料的温度、混凝土坍落度的检测等。

7. 吊：利用托线板以及线坠吊线检查垂直度，例如：砌体垂直度检查、门窗的安装等。

8. 套：以方尺套方，辅以塞尺检查，例如：对阴阳角的方正、踢脚线的垂直度、预制构件的方正、门窗口及构件的对角线检查等。

（二）质量控制点的设置

质量控制点是指为了保证作业过程质量而确定的重点控制对象、关键部位或薄弱环节。设置质量控制点是保证达到施工质量要求的必要前提，可以达到在一定时期内、一定条件下进行强化管理的目的，使工序处于良好的控制状态。

质量控制点的设置是根据工程的重要程度，即质量特性值对整个工程质量的影响程度来确定。为此，在设置质量控制点时，首先要对施工的工程对象进行全面分析、比较，以明确质量控制点；然后进一步分析所设置的质量控制点在施工中可能出现的质量问题或造成质量隐患的原因，针对隐患的原因，相应地提出对策措施予以预防。可作为质量控制点的对象涉及面广，它可能是技术要求高、施工难度大的结构部位，也可能是影响质量的关键工序、操作或某一环节。总之，不论是结构部位、影响质量的关键工序、操作、施工顺序、技术、材料、机械、自然条件、施工环境等均可作为质量控制点来控制。概括地说，应当选择那些保证质量难度大的、对质量影响大的或者是发生质量问题时危害大的对象作为质量控制点。例如：

1. 施工过程中的关键工序或环节以及隐蔽工程，例如：预应力结构的张拉工序，钢筋混凝土结构中的钢筋架立。

2. 施工中的薄弱环节或质量不稳定的工序、部位或对象，例如：地下防水层施工。

3. 对后续工程施工或对后续工序质量或安全有重大影响的工序、部位或对象，例如：预应力结构中的预应力钢筋质量、模板的支撑与固定等。

4. 采用新技术、新工艺、新材料的部位或环节。

5. 施工中无足够把握的、施工条件困难的或技术难度大的工序或环节，例如：复杂曲线模板的放样等。

详细验收表格见本书第 119～120 页表 8-2、表 8-3。

第四节　事后质量控制

事后质量控制是指对工程质量的检查、验收，控制的重点是发现施工质量方面的缺陷，并通过分析提出施工质量改进的措施，保持质量处于受控状态。

（一）质量验收

建筑工程施工质量验收应根据现行国家标准《建筑工程施工质量验收统一标准》（GB 50300）划分为检验批验收、分项工程验收、分部工程验收和单位工程验收。

1. 检验批质量验收合格应符合下列规定：

（1）主控项目的质量经抽样检验均应合格。

（2）一般项目的质量经抽样检验合格。当采用计数抽样时，合格点率应符合有关专业验收规范的规定，且不得存在严重缺陷。

（3）具有完整的施工操作依据、质量验收记录。

2. 分项工程质量验收合格应符合下列规定：

（1）所含检验批的质量均应验收合格。

（2）所含检验批的质量验收记录应完整。

3. 分部工程质量验收合格应符合下列规定：

（1）所含分项工程的质量均应验收合格。

（2）质量控制资料应完整。

（3）有关安全、节能、环境保护和主要使用功能的抽样检验结果应符合相应规定。

（4）观感质量应符合要求。

4. 单位工程质量验收合格应符合下列规定：

（1）所含分部工程的质量均应验收合格。

（2）质量控制资料应完整。

（3）所含分部工程中有关安全、节能、环境保护和主要使用功能的检验资料应完整。

（4）主要使用功能的抽查结果应符合相关专业验收规范的规定。

（5）观感质量应符合要求。

（二）竣工验收

竣工后，应由建房户提出申请，乡镇（街道）应组织国土、林业、环保、村管所等单位对农民自建房进行验收，主要包括面积是否超标、质量是否合格、资料是否齐全（建房合同、建材合格证、隐蔽工程记录、资质证书复印件等），相关验收合格资料作为产权确认依据，应注意保存。验收合格后，方可交付使用。

竣工验收合格应符合下列要求：

1. 工程按批准的设计文件建成，配套、辅助工程与主体工程同步建成。

2. 工程质量符合国家颁布的相关设计规范及工程施工质量验收标准。

3. 工程设备配套及设备安装、调试情况无异常。

4. 具有完整的技术和施工管理资料（包括建筑工程、给水排水工程、设备安装工程技术资料，建筑施工图，结构施工图，竣工图等）。

5. 具有工程使用的主要建筑材料、建筑构配件和设备进场试验报告。

6. 建设用地权属来源合法，面积准确，界址清楚，手续齐备。

7. 具有乡村建设带头工匠签署的工程保修书。

第五节　常见施工质量通病处理

（一）建筑工程

1. 土方工程

土方工程施工过程中，常会出现场地积水、填方边坡塌方、回填土密实度达不到要求、挖方边坡塌方、边坡超挖、基坑（槽）泡水、基坑（槽）回填土沉陷等质量通病。

防治措施：

（1）场地内的填土认真分层回填碾压实，使土层密实度不低于设计要求，避免松填；按要求做好场地排水坡和排水沟；做好测量复核，避免出现标高误差。

（2）永久性填方的边坡坡度应根据填方高度、土的种类和工程重要性按设计规定放坡；按要求清理基底和做阶梯形接槎；选用符合要求的土料，按填土压实标准进行分层、回填碾压或夯实；在边坡上下部做好排水沟，避免在影响边坡稳定的范围内积水。

（3）选择符合要求的土料进行回填；按所选用的压实机械性能，通过试验确定含水量控制范围内每层铺土厚度、压实遍数、机械行驶速度；严格进行水平分层回填、压（夯）实；加强现场检验，使其达到要求的密实度。

（4）根据不同土层土质情况采取适当的挖方坡度；做好地面排水措施，基坑开挖范围内有地下水时，采取降水措施，将水位降至基底以下 0.5m；坡顶上弃土、堆载远离挖方土边缘 3～5mm；土方开挖应自上而下分段分层依次进行；避免先挖坡脚，造成坡体失稳。

（5）机械开挖，预留 0.3m 厚采用人工修坡；加强测量复测，进行严格定位。

（6）开挖基坑（槽）周围应设排水沟或挡水堤；地下水位以下挖土应设排水沟和集水井，用泵连续排走或自流入较低洼处排走，使水位降低至开挖面以下 0.5～1.0m。

（7）回填前，将槽中积水排净；淤泥、松土、杂物清理干净；回填土按要求采取严格分层回填、夯实；控制土料中不得含有直径大于 5cm 的土块及较多的干土块；严禁用水沉法回填土。

2. 混凝土工程

混凝土施工时，常因为混凝土强度不足、配合比不准确、搅拌不均匀、振捣不密实，以及现场浇筑不当、养护不良等因素，导致出现麻面、露筋、裂缝、蜂窝、孔洞、缝隙及夹层等质量通病。

防治措施：

（1）应合理选用水泥强度与混凝土设计强度，必要时可在混凝土拌合物中掺加混合材料或减水剂等，以改善混凝土拌合物和易性。

（2）混凝土自由坍落度不得超过 2m，若超过应采取串筒、溜槽等措施进行下料，且应分段、同时、分层进行混凝土下料及振捣。

（3）混凝土浇筑前，应先检查钢筋位置和保护层厚度，确保其符合要求，若发现问题应及时修整。通常来说，对于受力钢筋的混凝土保护层厚度，墙板处应为 15mm，梁柱处应为 25mm，基础处应为 35mm。

（4）不同强度等级混凝土现浇构件相连接时，应在低强度等级的构件中设置两种混凝土的接缝，且接缝应距高等级构件有一定距离。若接缝两侧的混凝土等级不同且分先后施工时，可沿预定的接缝位置设置固定筛网；若接缝两侧的混凝土等级相同且同时浇筑时，可沿预定的接缝位置设置隔离板。

（5）养护时，应采用覆盖塑料薄膜和阻燃草帘并洒水养护相结合的方案，且养护过程中须洒水保持湿润，养护时间不少于 7 天，而冬期施工时的养护时间一般不少于 14 天。

3. 钢筋工程

钢筋施工时，常因为钢筋原材料不符合要求、选用垫块尺寸不对、搭接、焊接施工操作不当等因素，导致出现钢筋加工缺陷较多、焊接质量不合格、钢筋保护层垫块不符合要求、钢筋搭接及锚固长度不够、箍筋接头位置绑扎错误等质量通病。

防治措施：

（1）两端钢筋夹持于夹具内，上下应同心，且上下钢筋直径相差不宜超过两级。同时，钢筋焊接过程中，上钢筋应保持垂直和稳定，夹持于夹具的滑杆和导管之间。

（2）布置垫块时应按梅花状放置，且距离不得过大，同时应保证垫块放置牢固，严禁松动、位移、脱落，且振捣混凝土时须防止垫块位移。

（3）纵向受力钢筋的机械连接接头及焊接接头连接区段的长度应为 $35d$，且不得小于 500mm。同一连接区段内，受压区的纵向受力钢筋接头面积百分率应不大于 50%；受拉区应不大于 25%。

（4）钢筋焊接施工前，应清除钢筋或钢板焊接部位，或与电极接触的钢筋表面上的锈斑油污、杂物等。若钢筋端部出现弯折、扭曲，则应进行矫直或切除。

（5）钢筋绑扎必须将钢筋交叉点全部绑扎，基础梁箍筋采用缠扣绑扎，板钢筋绑扎采用八字扣满绑，且必须保证钢筋不移位。

4. 模板工程

模板施工时，常因为模板尺寸错误、模板龙骨用料较小或间距偏大、模板刚度差、脱模剂使用不当、支设不牢等因素，导致出现标高偏差、轴线偏移、结构变形、接缝不严等质量通病。

防治措施：

（1）设计时，应充分考虑模板本身自重、施工荷载，以及混凝土的自重、浇捣时产生的侧向压力，从而保证模板具有足够的承载能力、刚度和稳定性。

（2）模板制作时，应保证其厚度不大于 2mm，并保证其规格尺寸准确，棱角平直光洁，面层平整，拼缝平整严密。同时，墙柱模板的高度应比墙柱结构尺寸的净高高出 30mm。

（3）施工时，应拉水平、竖向通线，并设竖向垂直度控制线，同时还应在建筑物的 4 个大角及电梯井进行标高定位，并采用激光垂准仪向上引测下层楼面的控制点。

（4）每层模板拆除后，须将外架体、临边洞口处的模板、方料、钢管扣件清理干净。若所有模板均完成拆除，须将剩余材料码放至指定地点，不得将其放置在外架和临边洞口处。

（5）拆下的模板应及时进行清理、修正、刷脱模剂，若为冬期施工，还应及时对使用不到的建筑模板进行归类、入库，并将模板放置在干燥通风处，不得将模板直接暴露在外部，以免受寒霜、雨雪等侵蚀或因低温影响模板质量。

5. 砌体工程

砌体工程存在砂浆搅拌无计量、未用砂浆搅拌机、随意添加外加剂、干砖上墙、拉结筋长度不够或外漏、构造柱顶部浇筑不密实、灰缝超标等质量通病。

防治措施：

（1）砂浆现场拌合应严格按配合比、重量比计量；砂浆搅拌必须在现场的搅拌站进行，不得在楼层上搅拌。

（2）采用立式砂浆拌合机，掺用有机塑化剂的砂浆，搅拌时间为 3～5min，随搅拌随用，控制在 3h 内用光，严禁使用过时灰。

（3）在满足砂浆和易性的条件下，控制砂浆的强度，掺加塑化材料后应适当地调整水泥用量（凡在砂浆中掺入有机塑化剂、早强剂、缓凝剂、防冻剂等，应有实验室出具的试配报告；抹灰砂浆不允许添加塑化剂）。

（4）不得用增加微沫剂掺量方法来改善砂浆的和易性。

（5）砖应在砌筑前 1～2 天浇水湿润，待砖表面晾干后使用，严禁干砖上墙砌筑。

（6）砖混结构的建筑物应在四大角设置皮数杆，框架（短肢墙）结构的填充墙应在柱（短肢墙）上标注砌砖模数（沿高 625mm 弹水平线）控制水平灰缝。

（7）砌体的灰缝应横平竖直、厚薄均匀，水平灰缝厚度宜为 10mm，但不应小于 8mm，也不应大于 12mm。

6. 给水排水工程

给水排水工程存在给水排水管道支座松动，漏装伸缩节、检查口、清扫口，排污管预埋套管低于立管三通等质量通病。

防治措施：

（1）根据膨胀管的规格，合理选择钻头；充分考虑外保温厚度，选购长度合适的膨胀管。

（2）管道提前定位的情况下，砌体施工时将支座处的砖改成实心砖，或安装前将支座处的空心砖换成混凝土。

（3）套管预埋时考虑稍高一些，先安立管时尽可能将三通的高度降低。

（二）市政工程

1. 回填土沉陷

因回填土的土质及施工方法不当等因素，会引起填料过程中采用不合格的土料、填料含水量未认真控制、压实机具不合适、施工规范未严格执行、完工后造成的沉降过大等质量通病。

防治措施：

（1）管槽回填时必须根据回填的部位和施工条件选择合适的填料和压（夯）实机具。

（2）管槽较窄时可采用微型压路机填压或蛙式打夯机夯填。不同的填料和填筑厚度应选用不同的夯压器具，以取得最经济的压实效果。

（3）填料中的淤泥、树根、草皮及腐烂植物既影响压实效果，又会在土中干缩、腐烂形成孔洞，这些材料均不可作为填料，以免引起沉陷。

（4）控制填料含水量大于最佳含水量2％左右，遇地下水或雨后施工必须先排干水再分层随填随压密实，杜绝带水回填或水夯法施工。

根据沉降破坏程度采取相应的措施：

（1）不影响其他构筑物的少量沉降可不做处理或只做表面处理，如沥青路面上可采取局部填补以免积水。

（2）如造成其他构筑物基础脱空破坏，可采用泵压水泥浆填充。

（3）如造成结构破坏的应先挖除不良填料，换填稳定性能好的材料，经压实后再恢复损坏的构筑物。

2. 管道渗漏水

因基础不均匀下沉、管材及其接口施工质量差、闭水段端头封堵不严密、井体施工质量差等，会存在漏水现象的质量通病。

防治措施：

（1）认真按设计要求施工，确保管道基础的强度和稳定性。

（2）如果槽底土壤被扰动或受水浸泡，应先挖除松软土层，超挖部分用砂或碎石等稳定性好的材料回填密实。

（3）地下水位以下挖方时，应采取有效措施做好坑槽底部排水降水工作，确保干槽开挖，必要时可在槽坑底预留20cm厚土层，待后续工序施工时随挖随封闭。

（4）所用管材要有质量部门提供的合格证和力学试验报告等资料。

（5）管材外观质量要求表面平整、无松散露骨和蜂窝麻面形象，硬物轻敲管壁，其响声清脆悦耳。

（6）安装前再次逐节检查，对已发现或有质量疑问的直接退场。

（7）管道封堵前应把管口0.5m左右范围内的管内壁清洗干净，涂刷水泥原浆的同时把所用的砖块润湿备用。

（8）条件允许时可在检查井砌筑之前进行封砌，以保证质量。

（9）预设排水孔应在管内底处，以便排干和试验时检查。

（10）对细小的缝隙或麻面渗漏可采用水泥浆涂刷或防水涂料涂刷，较严重的应返工处理。严重的渗漏除了更换管材、重新填塞接口外，还可请专业技术人员处理。处理后再做试验，如此重复进行直至闭水合格为止。

3. 阀井部位变形、下沉

因构配件质量差、预制井盖质量和安装质量差等，会影响外观及其使用质量，会出现检查井变形和下沉、铁爬梯安装随意性太大等质量通病。

防治措施：

要严格按照设计要求与施工规范来进行垫层和基层的施工，杜绝带水浇筑，严格控制阀井基础的质量，防止因地基问题引发的井体沉降。检查井盖和井座，要满足设计承载力要求，且要配套，要严格控制井圈、井盖的安装质量，安装时座浆要饱满，此外宜选用外形较美观的井盖，起到美化环境的作用。

4. 箱涵伸缩缝渗漏水

因混凝土浇筑不到位、振捣不密实、伸缩缝未按照规范要求施工、地基处理不到位等，会出现空鼓串孔、伸缩缝变形等质量通病。

防治措施：

（1）模板安装必须精密、牢固，将止水带位置固定在混凝土墙中间位置，使之不松动、不移动。

（2）混凝土浇筑前先将伸缩缝内的杂物、积水及止水带表面附着物清除干净。

5. 箱涵水平施工缝渗水与接缝不平整

因水平施工缝凹槽宽度、深度未按要求施工、第 2 次浇筑混凝时操作不当等，会出现模板与墙壁间隙内的杂物难以清除干净、接缝不平整的质量通病。

防治措施：

（1）施工前事先用模板做成设计规定的尺寸，施工时按要求嵌入，待混凝土终凝后取出，这样可控制凹槽的尺寸。

（2）浇筑混凝土时，一定要先用 2m 厚同强度的水泥砂浆接缝，然后按要求浇筑混凝土，并振捣密实。

（3）为使接缝平整，在箱涵底部混凝土浇筑好后，施工缝两侧的接缝模板先不拆，这样，在浇筑上部混凝土前后拼装的模板与原来的模板拼装接缝易于控制，尺寸也易于调整。待浇筑结束后拆除模板，经外观检查与复测，水平施工缝基本看不出，同时箱涵内、外尺寸均得到保证。

6. 石灰土路基工程质量通病

主要存在基础不均匀沉降、摊铺厚度过大、含水量过大、填料粒径过大等质量通病。

防治措施：

（1）路基的填筑必须按试验路段确定的摊铺厚度和最佳含水量，分层填筑、压实，才能保证压实度达到设计规定要求。施工中不得随意加大填土厚度，含水量必须控制在最佳含水量和其允许的幅度之内，否则予以洒水或晾晒。

（2）路基的填筑，随填、随摊，当天填筑的土层当天完成压实。每一层的表面做成 2%～4% 的排水横坡，避免路基表面积水，形成局部"弹簧"路基，造成质量隐患。

（3）为防止地基引起的不均匀沉降，严格按照设计要求施工。地基处理（包括深度、横向宽度），路基填筑时从低往高处分层摊铺碾压。对于填挖交界处，填、挖台阶搭接按规范施工，碾压密实无拼痕。

表 8-2　工程节点质量检查及验收

地基与基础工程——隐蔽工程前/重要节点				
检查内容		检查情况		
地基与基础工程	建筑基础与地面工程采用的材料或产品应符合设计要求和国家现行有关标准的规定	是□	否□	无□
	建筑地面下的沟槽、暗管工程完工后,应经检验合格并做隐蔽记录,方可进行建筑地面工程的施工	是□	否□	无□
	建筑地面工程基层(各构造层)和面层的铺设,均应待其下一层检验合格后方可施工上一层。建筑地面工程各层铺设前与相关专业的分部(子分部)工程、分项工程以及设备管道安装工程之间,应进行交接检验	是□	否□	无□
	当垫层、基础层、填充层内埋设暗管时,管道应按设计要求予以稳固	是□	否□	无□
	混凝土整体面层的抹平工作应在水泥初凝前完成,压光工作应在水泥终凝前完成	是□	否□	无□
	钢筋的牌号、规格和数量必须符合设计要求。钢筋应安装牢固。受力钢筋的安装位置、锚固方式应符合设计要求	是□	否□	无□
砌体墙面工程	砌体墙面平整,灰缝砂浆饱满、横竖整齐、不能存在通缝;预留门窗洞口的技术性指标符合设计规范要求	是□	否□	无□
模板工程	模板尺寸、位置、标高,预留孔洞及预埋件的位置是否符合设计要求,强度和稳定性满足承载力要求	是□	否□	无□
钢筋工程	钢筋的牌号、规格和数量必须符合设计要求。钢筋应安装牢固。受力钢筋的安装位置、锚固方式应符合设计要求	是□	否□	无□
楼梯结构工程	楼梯、台阶踏步的宽度、高度应符合设计要求。踏步板块的缝隙宽度应一致	是□	否□	无□
混凝土工程	墙柱表面和楼板层细部节点若存在蜂窝麻面、涨模漏浆问题应及时采取补救措施	是□	否□	无□
细部工程	厕浴间、厨房和有排水(或其他液体)要求的建筑地面面层与相连接各类面层的标高差应符合设计要求	是□	否□	无□
混凝土工程	墙柱表面和楼板层细部节点若存在蜂窝麻面、涨模漏浆问题应及时采取补救措施	是□	否□	无□
安装工程	电气工程质量记录及性能检测(接地装置、防雷装置的接地电阻测试、照明全负荷试验等)是否符合设计规范要求	是□	否□	无□

表 8-3　工程节点质量检查及验收（竣工验收）

工程名称				
施工单位			验收时间	
检查内容		检查情况		备注
前期各节点验收发现情况，是否已经做出有效整改		是□　　否□　　无□		
是否存在漏建、多建项目		是□　　否□　　无□		
建筑竣工整体排查是否存在不符合规范的节点		是□　　否□　　无□		
甲方是否还有不满意的节点		是□　　否□　　无□		
是否同意验收				
验收签字	甲方：	乙方：		丙方：

第九章 施工成本控制

第一节 施工成本概述

(一) 施工成本控制的概念

施工成本是指在乡村建设工程项目施工过程中所发生的全部施工费用的总和，包括消耗的原材料、辅助材料、构配件等的费用，周转材料的摊销费或租赁费，施工机械的使用费或租赁费，支付给乡村建设工匠的工资、奖金、工资性质的津贴等，以及进行施工组织与管理所发生的全部费用支出。乡村建设工程项目施工成本由直接成本和间接成本组成。

施工成本控制是指在施工过程中，对影响施工成本的各种因素加强管理，并采取各种有效措施，将施工中实际发生的各种消耗和支出严格控制在成本计划范围内，随时揭示并及时反馈，采取多种措施消除施工中的损失浪费现象，尽可能地降低施工成本，以此达到利润最大化，进而提高乡村建设带头工匠的经济收益。

项目的施工成本控制应贯穿从项目承接开始直至竣工验收、保修金回款的全过程。所以，施工成本控制可分为事先控制、事中控制（过程控制）和事后控制。

为了更好地进行成本控制，需要科学合理地制订项目的成本计划，在控制过程中进行动态的成本分析，对成本进行有效管理，将成本降至最低；同时，积极做好工程进度款支付和工程变更及索赔资料，以最大化的获取项目合同价外的收益。此外，对成本控制的结果进行总结，也可以为以后的项目承接提供成本决策参考。

合同文件和成本计划是成本控制的目标，工程进度款支付和工程变更与索赔资料是成本控制过程中的动态资料。

(二) 施工成本分类

为了认识和掌握成本的特性，做好施工项目成本管理，可从不同的角度将成本划分为不同的形式。

1. 根据成本管理要求不同，施工项目成本可分为预算成本、计划成本和实际成本。

（1）预算成本。预算成本是根据承包工程施工图计算工程量，形成施工预算清单，采用全国统一的建筑、安装工程基础定额和各地区的市场劳务价格、材料价格信息及价差系数（或直接套用地方统一预算定额），并按有关取费的指导性费率进行计算的成本。

预算成本是确定工程造价的基础，也是编制计划成本和评价实际成本的依据，可作为承包人编制投标报价的参考。

概括地讲，预算成本是承包人为承接项目，根据施工图纸、预算定额、市场信息、自身特点和经验所编制的项目成本。

（2）计划成本。计划成本是指承包人根据工程前期有关资料（如工程的具体条件和实施该项目的各项技术组织措施），在实际成本发生前预先计算的成本。编制计划成本时，承包人应充分考虑降低成本措施，体现承包人的技术水平、管理效率和设备先进性。

计划成本对于加强施工经济核算，建立和健全施工项目成本管理责任制，控制施工过程中的生产费用，降低施工项目成本具有十分重要的作用。

概括地讲，计划成本是承包人在施工合同签订后，正式施工前，依据自己的技术水平、管理水平和设备效率编制的施工成本。

（3）实际成本。实际成本是施工项目在施工期内实际发生的各项施工费用的总和。对实际成本与计划成本进行比较，可掌握工程施工过程中成本的节约或超支情况，考核施工技术水平及技术组织措施的贯彻执行情况。

实际成本反映施工成本控制水平，受承包人的生产技术、施工条件及生产经营管理水平制约。通过实际成本与预算成本的比较，可以反映工程盈亏情况。

计划成本必须低于预算成本，两者的差额就是乡村建设带头工匠的预期利润。实际成本通过成本控制应接近或低于计划成本，低得越多，乡村建设带头工匠的收益就越大，反之，实际成本超过计划成本就会减少预期利润，若是实际成本超过了预算成本，则乡村建设带头工匠在该项目上就可能亏本。

2. 按生产费用计入成本的方法不同，工程成本可划分为直接成本和间接成本。

（1）直接成本。直接成本是指施工过程中耗费的构成工程实体或有助于工程实体形成的各项费用支出，是可以直接计入工程对象的费用，包括人工费、材料费、机械费和施工措施费等。直接成本是工程项目成本中最大的部分，是影响工程项目成本的主要因素。

（2）间接成本。间接成本是指为施工准备、组织和管理施工生产的全部费用的支出，是非直接用于也无法直接计入工程对象的费用，但为工程施工所必须发生的费用，包括管理人员工资、办公费、差旅交通费等。虽然间接成本不易直接衡量，但其对于工程项目的顺利实施也是必不可少的。

3. 按生产费用与工程量关系的不同，可将工程成本划分为固定成本和变动成本。

（1）固定成本。固定成本是指在一定期间和一定的工程量范围内，其发生的成本额不受工程量增减变动影响而相对固定的成本，如固定资产折旧费、大修理费、管理人员工资、办公费、照明费、利息等。

（2）变动成本。变动成本是指发生总额随着工程量的增减变动，而且是成正比例变动的费用，包括原材料、工匠工资及附加、水电费、制造费用等，这些成本随着工程量的增加而增大。

（三）施工成本的组成

乡村建设带头工匠所承接的项目，直接费和间接费构成了单个施工项目的成本，各部分费用具体组成内容如下：

1. 直接费。包括人工费、材料费、机械费和其他直接费。

（1）人工费，是指参与施工的乡村建设工匠的工资、奖金、津贴以及劳动保护费等。

（2）材料费，是指施工过程中耗用的构成工程实体的原材料、辅助材料、构配件、零件、半成品的费用和周转材料的摊销或租赁费用。

（3）机械费，是指施工过程中使用自有施工机械所发生的机械使用费和租用外单位施工机械的租赁费，以及施工机械的安装、拆卸和进出场费等。

（4）其他直接费，是指施工过程中发生的材料二次搬运费、临时设施摊销费、生产工具用具使用费、检验试验费、工程定位复测费、工程点交费、场地清理费等。

2. 间接费。包括规费、施工管理费。

（1）规费。规费是国家法律法规授权，由政府有关部门对公民、法人和其他组织进行登记、注册、颁发证书时所收取的证书费、执照费、登记费等。随着国家和地方政策性收费政策的调整，规费主要由工程排污费、社会保障费等组成。

1）工程排污费：一般指施工现场按照相关的规定缴纳的排污费用。

2）社会保障费：包含养老保险费、失业保险费、医疗保险费、生育保险费、工伤保险费。

3）住房公积金。

（2）施工管理费。施工管理费是乡村建设带头工匠为组织和管理施工生产所发生的各项经营管理费用，由管理人员工资、办公费、差旅交通费、固定资产使用费、工具用具使用费、财产保险费、税金及其他组成。

1）管理人员工资：管理人员的基本工资、工资性补贴、辅助工资、职工福利费、劳动保护费等。

2）办公费：管理办公用的文具、纸张、账表、印刷、邮电、通信、书报、会议、水电、燃气、集体取暖（包括现场临时宿舍取暖）、防暑降温、卫生保洁等费用。

3）差旅交通费：职工因公出差、调动工作的差旅费、住勤补助费，市内交通费和误餐补助费，职工探亲路费，劳动力招募费，工伤人员就医路费，工地转移费以及管理部门使用的交通工具燃料、养路费等。

4）固定资产使用费：管理和试验部门及附属生产单位使用的属于固定资产的房屋、设备仪器等的折旧、大修、维修或租赁费。

5）工具用具使用费：管理部门和人员使用的不属于固定资产的生产工具、器具、家具、交通工具和检验、试验、测绘、消防用具等的购置、维修和摊销费。

6）职工教育经费：为保证职工学习先进技术和提高文化水平，根据国家行政主管部门有关规定，按照职工工资总额计提的费用。

7）财产保险费：施工管理用财产、车辆的保险费用。

8）劳动安全卫生检测费：按照国家劳动安全管理规定，接受劳动安全管理部门的安全资格认定、特种设备安全检测、劳动卫生检测、劳动安全培训考核所发生的费用。

9）财务费：为筹集资金而发生的各种费用。

10）税金：按规定缴纳的房产税、土地使用税、印花税和办公车辆的车船税等。

11）其他：投标成本、检验试验费、技术转让费、技术开发费、业务招待费、绿化费、广告费、公证费、法律顾问费、咨询费等。

第二节 施工成本计划

(一) 施工成本计划概述

1. 施工成本计划的作用

施工成本计划是承包人对项目施工成本进行计划管理的工具。它是以货币形式编制施工项目在计划期内的生产费用、成本水平、成本降低率以及为降低成本所采取的主要措施和规划的方案。一个施工成本计划应包括从开工到竣工所必需的施工成本，是建立施工项目成本管理责任制、开展成本控制和核算的基础，是施工项目降低成本的指导文件，是设立目标成本的依据。施工成本计划的主要作用如下：

（1）提供成本控制依据。成本计划的主要作用，体现在为工程实施过程的各项作业技术活动和管理活动提供成本控制的依据。成本计划提出了实现成本目标的各种措施和方案，为成本形成过程的各种作业活动和管理活动提供了必要的指导。

（2）支持成本目标决策。成本目标决策和成本计划是互动的关系，成本计划一方面能起到支持成本目标决策的作用；另一方面也能起到落实和执行成本决策意图的作用。

（3）实行成本事前预控。在成本计划编制过程中，要对总成本目标及各子项、单位工程及分部、分项工程，甚至各个细部工程或作业成本目标进行分解或确定；要对任务量、消耗量、劳动效率及影响成本变动的因素进行具体分析；要编制相应的成本管理措施，使各项成本计划指标建立在技术可行、经济合理的基础上。

（4）促进工程方案优化。成本计划对促进实施方案优化起着重要的作用，因为在成本计划阶段，管理者通常是在保证项目工期、质量、安全等目标的前提下，千方百计地从技术、组织、经济、管理等方面采取措施，通过不断优化实施方案降低施工成本，最终取得盈利。

2. 施工成本计划编制原则

为了使成本计划能够发挥它的积极作用，编制计划时应掌握以下原则。

（1）实事求是的原则。编制成本计划必须根据国家的方针政策，从承包人的实际情况出发，充分挖掘承包人内部潜力，使降低成本指标科学合理、切实可行。承包人降低成本的潜力在于选择合适的施工方案，通过合理组织施工、提高劳动生产率、改善材料供应、降低材料消耗、提高机械利用率、节约施工管理费用等措施，最终降低施工成本。

（2）紧密配合的原则。编制成本计划必须与施工项目的其他各项计划，如施工方案、施工进度、资金使用、材料供应计划等紧密结合，共同优化。成本计划一方面要根据施工项目的施工进度、质量安全、材料供应等计划来编制，另一方面又影响着这些目标的实现，因此不能只考虑降低成本的要求，或只考虑任何其他某一种计划的需要。

（3）科学合理的原则。编制成本计划必须以施工定额为依据，并针对工程的具体特点，考虑承包人的技术、管理、资金、机具等实力，采用相应的技术组织措施作保证，才能使编制出的成本计划更加的科学合理。

（二）施工成本计划组成

工程项目管理一般均具有综合性、复杂性，工程项目的成本受到资金使用、技术水平、组织能力、机械设备、自然条件、社会环境等综合因素制约，因此，能否制定出科学合理的工程项目施工成本计划，是项目顺利实施和取得盈利的关键一环。施工成本计划包括成本控制计划、成本保证体系及各种成本计划表三部分。

1. 成本控制计划

成本控制计划是应对工程施工和管理过程的潜在消耗而编制的成本控制的依据。成本控制计划主要是对施工潜在消耗做出数量和总价的控制，对难以预见的费用和难以确定的消耗应确定一个总的控制额度。

成本控制计划包括以下内容：

（1）材料成本控制计划。主要包括主要材料、贵重材料的消耗量和价格。

（2）机械设备控制计划。主要是机械设备的数量和应控制的使用维修费用。

（3）施工机具控制计划。一是新购机具的折旧摊销，二是使用费用，如材料、水电消耗以及零配件的修理等。

（4）劳务费成本控制计划。主要是合理安排进出场时间，减少辅助和控制非生产用工，提高工效，综合考虑用工单价。

（5）临时工程费用计划。主要是临时水电设施、加工场地及仓库的合理使用。

（6）管理费用成本计划。主要包括管理人员工资奖金、办公费、差旅费、车辆使用费、业务招待费等。

2. 成本保证体系

成本计划保证体系包括以下三项内容：

（1）责任制度。即规定各级组织或管理人员对成本计划的制订、执行、调整各自应具有的责任和义务。

（2）检查制度。制定检查制度则是对信息反馈和措施调整做出明确的规定，如工程量变更引起的材料数量变化如何处理，班组对计划的可行性提出问题时应如何解决等，目的在于使成本计划得到很好的贯彻执行。

（3）执行制度。如方案审查的流程、限额领料的流程、资金拨付的流程以及奖惩制度等。

3. 各种成本计划表

成本计划编制后还需要通过各种成本计划表的形式将成本降低任务分解到整个项目的施工过程，在项目实施过程中实现对成本的控制。常见的成本计划表有三类，即成本计划任务表、技术组织措施表和降低成本计划表。

（1）成本计划任务表

成本计划任务表综合反映整个项目在计划期内施工工程的预算成本、计划成本、计划成本降低额、计划成本降低率，见表9-1。

表 9-1　成本计划任务表

工程名称：　　　　　　带头工匠：　　　　　　日期：　　　　　　　　　单位：

项目	预算成本	计划成本	计划成本降低额	计划成本降低率
1. 直接费用				
人工费				
材料费				
机械使用费				
其他直接费				
2. 间接费用				
规费				
施工管理费				
合计				

（2）技术组织措施表

技术组织措施表是预测项目计划期内施工工程成本各项直接费用计划降低额的依据，是提出各项节约措施和确定各项措施经济效益的文件。该表由承包人依据采取的技术组织措施预测它的经济效益后汇总编制而成，见表 9-2。技术组织措施表主要包括以下三部分内容：

1）计划期采取技术组织措施的项目和内容。

2）该项措施涉及的对象。

3）经济效益的计算及其对各项费用的成本降低额。

表 9-2　技术组织措施表

工程名称：　　　　　　带头工匠：　　　　　　日期：　　　　　　　　　单位：

措施项目	措施内容	涉及对象			降低成本来源		成本降低额				
		实物名称	单价	数量	预算收入	计划开支	合计	人工费	材料费	机械费	其他直接费

（3）降低成本计划表

降低成本计划表是根据项目的降低成本任务和确定的降低成本指标而制定出的成本降低计划，依据降低成本资料及技术组织措施计划进行编制，见表 9-3。在编制降低成本计划表时还应参照以往同类项目成本计划的实际执行情况。

表 9-3　降低成本计划表

工程名称：　　　　　　带头工匠：　　　　　　日期：　　　　　　　　　单位：

分项工程名称	成本降低额					
	合计	直接成本				间接成本
		人工费	材料费	机械费	其他直接费	

（三）施工成本计划编制

1. 施工成本计划编制流程

编制施工成本计划的过程是成本管理决策的过程，不仅需要选定技术上可行、经济上合理的最优成本方案，也需要通过成本计划把目标成本层层分解落实到施工过程的每个环节，这样方能对施工成本进行有效的控制，因此必须非常重视施工成本计划的编制。施工成本计划编制流程如图9-1所示。

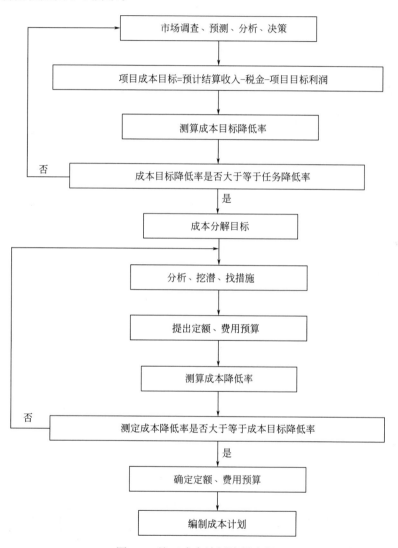

图 9-1 施工成本计划编制流程

2. 施工成本计划编制步骤

根据不同类型项目确定施工成本计划的编制方式，小型项目一般采用集中编制方式，即由带头工匠部先编制各班组成本计划，再汇总编制全项目的成本计划。编制的基本步骤如下：

（1）搜集整理资料

广泛搜集资料并进行归纳整理是编制成本计划的必要步骤，编制前需收集的资料主要包括：

1）国家和上级部门有关编制成本计划的规定。

2）带头工匠与发包人签订的施工合同及带头工匠拟达到的成本降低额、降低率和其他有关技术经济指标。

3）有关成本预测、决策的资料。

4）施工项目的施工图预算、施工预算。

5）施工组织设计。

6）施工项目使用的机械设备生产能力及其利用情况。

7）施工项目的材料消耗、物资供应、劳动工资及劳动效率等计划资料。

8）计划期内的物资消耗定额、劳动工时定额、费用定额等资料。

9）以往同类项目成本计划的实际执行情况及有关技术经济指标完成情况的分析资料。

10）同行业同类项目的成本、定额、技术经济指标资料及增产节约的经验和有效措施。

11）带头工匠的历史先进水平和当时的先进经验及采取的措施。

12）国外同类项目的先进成本水平情况等资料。

编制成本计划前除了收集资料以外，还应深入分析当前情况和未来的发展趋势，了解影响成本的各种有利和不利因素，调研存在哪些成本不利因素和降低成本的具体措施，为编制成本计划提供各种适用方法。

（2）估算计划成本

根据设计、施工等进度计划，估算需投入的物资、材料、劳动力、机械、能源及各种设施等，并结合成本降低措施，对成本进行反复测算、修订、平衡后，估算出项目成本计划控制指标，最终确定目标成本。

确定目标成本可以采用工作分解法。工作分解法以施工图设计为基础，以项目施工组织设计及技术方案为依据，以实际价格和计划的物资、材料、人工、机械等消耗量为基准，估算工程项目的实际成本费用，据以确定成本目标。具体步骤是：首先把整个工程项目逐级分解为内容单一、便于进行单位工料成本估算的小项或工序，然后按小项自下而上估算、汇总，从而得到整个工程项目的估算。估算汇总后还要考虑风险系数与物价指数，对估算结果加以修正。

（3）初步编制成本计划

带头工匠应对前期成本计划指标进行认真的讨论分析，在总结上期成本计划完成情况的基础上，结合本期计划指标，找出完成本期计划的有利和不利因素，提出挖掘潜力、克服不利因素的具体措施，保障各项任务的顺利完成。为了使任务指标最终落地，带头工匠应使目标成本的降低额和降低率得到充分讨论、反馈、再修订，使成本计划能够切合实际情况，最终将指标分解落实并下达到各作业班组及个人，为完成指标奠定基础。

（4）编制正式成本计划

初步成本计划编制完成后，首先应结合各项技术经济措施，检查各计划和费用预算是否合理可行，并进行综合平衡，使计划和费用预算之间相互协调；其次，要从全局出发，在保证成本降低任务或本项目目标成本实现的情况下，分析研究成本计划与施工进度、劳动力、材料物资、机械设备、资金使用等计划的相互制约关系。经反复讨论多次综合平衡后，编制确定最终成本计划，并按计划正式执行。

第三节　施工成本控制

（一）施工成本控制概述

施工成本控制就是在保证工期和质量满足要求的前提下，采取组织措施、经济措施、技术措施、合同措施等，对工程项目施工过程中的各种耗费进行指导、监督、调节和限制，及时控制与纠正即将发生和已经发生的偏差，把成本控制在计划范围内，并进一步寻求最大程度的成本节约。

施工项目成本控制应贯穿施工项目投标阶段开始（或承接项目开始）到项目竣工结算的全过程，包括工程投标阶段、施工准备阶段、施工阶段、竣工及保修阶段，施工成本控制是全面成本管理的重要环节。

施工成本控制应以施工预算清单中的分部分项工程作为项目成本控制的主要对象。正常情况下，承包人应该根据分部、分项工程的实物量，参照施工预算定额，编制包括工、料、机消耗数量以及单价、金额在内的施工预算，作为对分部分项工程成本进行控制的依据。

（二）施工成本控制分类

1. 按照成本控制的对象，成本控制可分为四类

（1）人工成本控制。人工成本控制主要应从工人人数、工资水平、工资储备等方面进行控制。一方面要控制工人人数和工资，另一方面要控制工资资金储备，防止停工、窝工的现象发生。此外，还要注意虚报工人人数、造假账、虚增工资等行为。

（2）材料成本控制。材料成本控制主要从材料价格和材料用量两方面进行控制。在工程实际成本中，材料费约占工程成本的70%，因此，带头工匠应建立和健全材料物资的管理制度，把材料成本控制作为成本控制的重点。

（3）机械成本控制。机械成本控制主要是控制施工机械、生产设备和运输工具的合理利用，提高利用率，严格执行维修和保养制度。

（4）间接费用控制。间接费用控制应该根据计划所列费用项目逐项控制，不得随意超支。

2. 按照成本发生的时间，成本控制可分为三类

（1）事前控制。事前控制是指工程开工前对影响工程成本的经济活动所进行的事前规划、审核与监督。成本的事前控制包括成本预测、成本决策、制定成本计划、确定消耗定额、建立健全原始记录和计量手段以及经济责任制、实行成本分级归口管理等内容。

（2）事中控制。事中控制是对于工程成本形成全过程的控制，也叫"过程控制"。在这一阶段，成本管理人员需要严格地按照费用计划和各项消耗定额，经常对一切施工费用进行审核，把可能导致损失或浪费的苗头消灭在萌芽状态之中，而且随时运用成本核算信息进行分析研究，把偏离目标的差异及时反馈给责任人，以便采取有效措施纠正偏差，使成本控制在预定的目标之内。

（3）事后控制。事后控制是指在某项工程任务完成时，对成本计划的执行情况进行检查分析。通过对实际成本与预算成本的偏差分析，查明差异的原因，对薄弱环节及可能发生的偏差提出改进措施。

（三）施工成本控制流程

施工项目成本控制，就是在施工过程中运用必要的技术与管理手段对物化劳动和活劳动消耗进行严格组织和监督的一个系统过程。具体包括施工项目的成本预测、成本决策、成本计划、成本控制、成本核算、成本分析和成本考核等主要环节。

1. 成本预测。成本预测是成本控制的首要环节，是事前控制的环节之一，也是成本控制的关键。成本预测的目的是预见成本的发展趋势，为成本管理决策和编制成本计划提供依据。

2. 成本决策。成本决策是根据成本预测情况，经过认真分析作出决定，确定成本管理目标。成本决策是先提出几个成本目标方案，然后再从中选择理想的成本目标作出决定。

3. 成本计划。成本计划是实现成本目标的具体安排，是成本管理工作的行动纲领，是根据成本预测、成本决策结果，并考虑带头工匠需要和经营水平而编制的，它也是事前成本控制的环节之一。

4. 成本控制。成本控制即根据成本计划所作的具体安排，对施工项目的各项费用实施有效控制，不断收集实施信息，并与计划比较，发现偏差、分析原因、采取措施纠正偏差，从而实现成本目标。

5. 成本核算。成本核算是对施工中各种费用支出和成本的形成进行核算。带头工匠应重视施工项目成本核算，为各环节成本控制提供依据。成本核算应贯穿于成本控制的全过程。

6. 成本分析。成本分析是在成本形成过程中，对施工项目的目标成本（计划成本）、预算成本和实际成本进行比较，了解成本的变动情况，检查成本计划合理性，并通过成本分析深入揭示成本变动的规律，寻找降低施工项目成本的途径，以便有效地进行成本控制，减少施工中的浪费。

7. 成本考核。成本考核是对成本计划执行情况的总结和评价，成本考核的目的在于考察责任成本的完成情况，通过合理奖惩调动责任者成本控制的积极性。

以上 7 个环节构成成本控制的 PDCA 循环，每个施工项目在施工成本控制时，不断进行着大小不同的成本控制循环。成本控制各环节的相互关系如图 9-2 所示。

（四）成本控制分析方法

为达到施工成本控制目标，需根据统计核算、业务核算和会计核算提供的资料，采用一定的方法，从账簿、报表反映的成本现象看清成本的实质，对项目成本的形成过程和影响成本升降的因素进行分析，确定进一步降低成本的途径，为加强成本控制、实现项目成本目标创造条件。施工成本控制分析方法有以下几种。

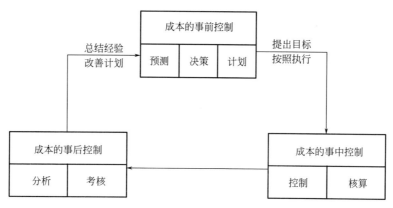

图 9-2　成本控制各环节的相互关系图

1. 比较法。这种方法具有通俗易懂、简单易行、便于掌握的特点，因而得到了广泛的应用，但在应用时必须注意各技术经济指标的可比性。比较法的应用，通常有下列形式：

（1）将实际指标与计划指标进行对比。通过对比来检查计划的完成情况，分析完成计划的积极因素和影响计划完成的原因，以便及时采取措施保证成本目标的实现。在进行实际成本与计划成本对比时还应注意计划本身的质量，随时调整计划。

（2）本期实际指标与上期实际指标对比。通过这种对比，可以看出各项技术经济指标的动态情况，反映施工项目管理水平的提高程度。一般情况下，一个技术经济指标只能代表施工项目管理的一个侧面，只有成本指标才是施工项目管理水平的综合反映。因此，成本指标的对比分析尤为重要，一定要真实可靠，而且要有深度。

（3）与同类别平均水平、先进水平对比。通过这种对比，可以反映本项目的技术和经济管理与其他项目的平均水平和先进水平的差距，进而采取措施赶超先进水平。

2. 因素分析法。在进行分析时，首先要假定众多因素中的一个因素发生了变化，而其他因素则小幅度变化，然后逐个替换并分别比较其计算结果，以确定各个因素的变化对成本的影响程度。因素分析法的计算步骤如下：

（1）确定分析对象，即分析技术经济指标并计算出实际与计划数的差异。

（2）确定该指标是由哪几个因素组成的，并按其相互关系进行排序。

（3）以计划数为基础，将各因素的计划数相乘，作为分析替代的基数。

（4）将各个因素的实际数按照自上而下的排列顺序进行替换计算，并将替换后的实际数保留下来。

（5）将每次替换计算所得的结果与前一次的计算结果相比较，两者的差异即为该因素对成本的影响程度。

（6）各个因素的影响程度之和应与分析对象的总差异相等。

3. 差额计算法。差额计算法是因素分析法的一种简化形式，是利用各个因素的计划与实际的差额来计算其对成本的影响程度。

4. 比率法。比率法是指用两个以上指标的比例进行分析的方法。它的基本特点是：先把对比分析的数值变成相对数，再观察其相互之间的关系。常用的比率法有相关比率法、构成比率法和动态比率法。

5. 综合成本分析。综合成本是指涉及多种生产要素并受多种因素影响的成本费用，如分部分项工程成本、月度成本、年度成本等。由于这些成本都是随着项目施工的进展逐步形成的，因此与生产经营有着密切的关系。

6. 年度成本分析。成本要求一年结算一次，不得将本年成本转入下一年度。而项目成本则以项目的寿命周期为结算期，要求从开工到竣工到保修期结束连续计算，最后结算出成本总量及其盈亏。对于施工周期较长的项目，除了要进行月（季）度成本的核算和分析外，还要进行年度成本的核算和分析。年度成本分析的重点是针对下一年度的施工进展情况规划切实可行的成本管理措施，以保证施工项目成本目标的实现。

（五）降低施工成本措施

1. 加强成本核算分析

（1）加强施工任务单和限额领料单的管理，落实执行降低成本的各项措施，做好施工任务单的验收和限额领料单的结算。

（2）将施工任务单和限额领料单的结算资料进行对比，计算分部分项工程的成本差异，分析差异产生的原因，并采取有效的纠偏措施。

（3）做好月度成本原始资料的收集和整理，正确计算月度成本，分析月度计划成本和实际成本的差异，并采取有效的纠偏措施。

（4）在月度成本核算的基础上实行责任成本核算，即利用原有会计核算的资料，重新归集成本费用，对责任成本每月结算一次。

（5）检查施工合同的履行情况，并采取有效的纠偏措施。

（6）加强工程项目成本计划执行情况的检查与协调。

（7）在竣工验收阶段做好工程扫尾工作，详细梳理已产生的费用，为结算创造条件。

2. 加强施工质量控制

工程施工质量控制和成本控制是辩证统一的关系，两者既相互制约又相互促进。加强质量控制，做到施工质量一次成型并合格，避免后期发生返工、修补等费用，可降低成本额外支出。做好质量成本控制应注意以下几点：

（1）制定一套科学合理的管理流程和奖罚制度，加强管理人员的质量、成本意识。施工管理过程中要分工明确、职责清晰、各司其职、全员参与质量、成本控制管理。如：技术人员不仅负责工程质量和施工技术，还要积极采用经济可行的技术措施，达到保证质量、节约成本的目的。

（2）选择高素质的作业班组和工匠，加强整个施工队伍的素质建设，特别是对分包班组要加强教育和指导，使其适应、服从科学的项目管理。提高工匠的技术水平，开展施工管理及业务技能的培训，树立全员质量、成本意识。整个施工队伍素质的提高有助于贯彻落实成本控制和质量管理各项措施，有助于各项指标的落实。

（3）严格按照相关规定采购高质量的设备和材料，杜绝假冒伪劣。建筑工程项目的物质生产资料是保证工程施工质量的基础，高质量的施工材料是施工质量的有力保证。同时，材料的价格也关系到成本的控制，如何进行合理科学采购，需要精确计算，反复分析对比。

（4）采用先进科学技术，合理施工，降低成本，保证质量。采用先进科学技术，科学设计施工，严格执行标准，合理控制成本，促进工程质量的提高。

（5）加强对质量验收、成本核算的监督力度。在质量控制方面，应对计划、执行、检查、整改这四个环节进行管理，尽量做到事前控制，避免后期维修带来经济损失。

3. 做好现场施工平面布置

施工现场的平面布置，是根据工程特点和场地条件，围绕施工对象，对施工临时项目部、临时道路、运输机械、仓库、材料堆场、临时水电等临时设施进行科学合理的布置。施工平面布置不合理会带来施工成本的增加，应注意避免以下几种情况。

（1）材料、构件不按规定地点堆放，造成二次搬运，不仅浪费人力，材料、构件在搬运中还会受到损失。

（2）钢模和钢管脚手架等周转设备用后不予整理，而是任意乱堆乱放，既影响场容整洁，又容易造成损失。

（3）临时道路布置不合理，造成材料二次搬运，管道埋设未做好合理规划，二次开挖道路会造成临时交通中断，影响物资运输。

（4）排水系统不畅，会导致雨期现场积水严重，造成电气设备、水泥材料等受潮损坏。

4. 做好安全生产管理

安全生产管理是指在生产经营活动中，为了避免造成人员伤害和财产损失而采取相应的事故预防和控制措施，使生产过程在符合规定的条件下进行，以保证工匠及其他进入施工现场的所有人员的人身安全与健康，保证设备和设施免受损坏，环境免遭破坏，保证生产经营活动得以顺利进行的相关活动。建筑施工是安全生产事故的高发行业领域，发生安全事故，特别是重大的伤亡事故会带来巨大的经济损失，因此，做好成本控制必须非常重视安全生产管理，严禁出现重大的安全生产事故。

（1）建立完善的安全管理体系。在项目开展之前应该建立一套完整的安全管理体系，明确相关的安全管理责任和实施机制。同时，要建立安全检查制度，做好日常安全检查，保证安全生产，避免因安全事故带来损失而增加项目成本。

（2）提高工匠安全意识。安全事故的主要原因之一是工匠安全意识不够。工匠对安全的重视程度不够，没有意识到工程建设的危险性。因此，乡村建设带头工匠需加强工匠的安全教育，提高工匠的安全意识，减少事故的发生，减轻事故产生的经济损失。

（3）严格落实安全措施。为减少工程中安全事故的发生，乡村建设带头工匠需要严格执行安全措施，如穿戴防护用品、规范防护措施、工匠持证上岗、组织安全培训等。只有按照规章制度工作，才能提高工程安全系数，降低成本。

（4）做好现场安全检查。项目管理人员需要做好现场安全检查，开工前做好安全条件验收，施工过程中需定期开展安全检查，重大的施工节点需进行专项检查，及时发现并纠正安全隐患。

（5）保证安全资金投入。安全文明施工费是指按照国家现行的施工现场环境、建筑施工安全、卫生标准和有关规定，乡村建设带头工匠购置、更新施工安全防护用具及设施、改善安全生产条件、作业环境所需的费用，包括环境保护费、文明施工费、安全施工费、临时设施费和工匠实名制管理的费用。安全文明施工费应做到专款专用，保障各类安全物资的及时采购以及产品质量。

5. 做好技术方案审查

乡村建设带头工匠应该结合项目施工的主客观条件，对设计图纸进行认真的会审，并提出设计图纸的合理化建议，力求降低施工难度，节约施工成本。同时，乡村建设带头工匠要结合项目的规模、性质、复杂程度、现场条件、装备情况、人员素质等因素制订经济合理的施工方案。施工方案主要包括四项内容：施工方法的确定、施工机具的选择、施工顺序的安排和流水施工的组织。施工方案不同，工期就会不同，机械设备、劳动力需求就不同，因此，做好施工方案的审查是降低施工成本的重要一环。

6. 合理均衡组织施工

加快施工进度是降低项目成本的有效途径，比如，项目管理人员的工资和办公费、现场临时设施费和水电费，以及施工机械和周转设备的租赁费等，在加快施工进度、缩短施工周期的情况下，都会有明显的降低。但加快施工进度超过一定限度后又会增加成本支出，比如，在组织两班制施工的时候，需要增加人工及设备的夜间施工费等，而且有时候受作业面及资源供应限制，工作效率也难以持续提升，造成施工的不均衡。乡村建设带头工匠在签订合同时，可以根据发包人赶工要求，将赶工费列入施工合同。

7. 做好材料成本管理

施工材料消耗约占工程总成本的 60%～70%，材料成本的节约是降低项目成本非常重要的内容。材料的成本控制可从两个方面入手，即用量控制和价格控制。

（1）用量控制

1）实行限额领料制度，专料专用，包干控制。在合理使用的条件下，各作业工匠或班组只能在规定限额内分批领用，如超出限额领料，要分析原因，及时采取纠正措施。

2）严格控制进料，运用行政、经济的管理手段，健全和完善材料的管理机制，实行统一采购和供应，降低采购价格。购料一定要严格办理验收交接手续，对经检验不合格或在运输过程中损坏的材料，应立即与供货方办理更换或退货手续，以免埋下质量隐患。

3）加强现场管理，材料进场后应妥善堆放保管，避免二次转运和损失浪费。合理组织流水施工，增加模板及脚手架周转次数，提高材料利用率。合理布置运输道路、垂直运输设备及材料堆场、加工厂的位置，避免材料二次转运。做好机械设备、钢筋、木材、石料等材料的覆盖，避免发生雨水、阳光、高温等环境因素引起腐蚀等降低材料性能的情况。

（2）价格控制

1）买价控制，材料费的控制主要从材料采购单价入手，及时掌握建材市场的动态，采用"双控"原则，不仅要求采购员把原料的价格控制在预算价格之内，技术人员也要对材料的规格和性能指标进行技术分析，并坚持"质量择优而买、价格择廉而购、路途择近而运"的原则，以降低成本。

2）考虑资金时间价值，争取材料直拨，减少中转环节，计算好经济库存，合理确定进货批量和批次，并加快货物的周转，减少流动资金的占用，尽可能降低材料储备。

8. 提高机械使用率

应合理组织机械施工，提高机械使用率，降低机械使用费。控制机械使用费的方法如下。

（1）结合施工方案的制订，从机械性能、操作运行和台班成本等方面综合考虑，选择最适合项目施工特点的施工机械，做到既实用又经济。

（2）做好各工序、工种机械施工的组织工作，最大限度地发挥机械效能。同时，对机械操作人员进行技能培训，防止因其不规范操作或操作不熟练影响正常施工，降低机械使用率。

（3）做好机械维修保养工作，使机械始终保持完好状态，严禁在机械维修时将零部件拆东补西，造成机械人为损坏。

第十章 施工安全管理

建筑施工安全是在建筑工程相应的施工要求与施工条件下，对施工过程中涉及的人员和财产的安全保障要求，包括施工作业安全、施工设施设备安全、施工现场通行安全、消防安全以及其他意外情况发生时的安全。简单地说，建筑施工安全就是减少或避免职工伤亡和职业病，以免设备和财产遭受损失。

第一节 基本要求

安全管理是确保安全施工的一项重要手段，安全管理必须坚持"安全第一，预防为主，综合治理"的方针。由于建筑施工安全贯穿施工现场的生产和生活的所有时间、所有作业和所有人员，所以施工现场的安全管理是全过程、全方位、全体人员的管理。

乡村建设带头工匠要熟悉各项安全技术操作规程，熟悉消防安全管理基本要求，掌握安全用电基本知识和所用施工机具的性能，掌握施工现场安全管理的基本要求，掌握安全事故急救知识。

第二节 高处作业

（一）概述

高处作业，是指在坠落高度基准面 2m 以上（含 2m）有可能坠落的高处进行的作业。虽未达到 2m，但是坠落仍有可能导致伤害危险的作业面也应采取相应措施。建筑施工中高处作业占有很大的比重，高处坠落事故也很多。

（二）临边防护的主要部位

在农房施工中，施工人员大部分时间在未完成的建筑物的各层、各部位，或构件的边缘，或洞口处作业，不加注意就容易发生坠落事故，这些部位主要有：

1. 尚未装栏板的阳台、雨篷与挑檐边。
2. 无外脚手架的屋面和楼层边。
3. 分层施工的楼梯口、楼梯平台和梯段边。
4. 预留洞口、通道、楼梯口。
5. 其他有可能发生坠落的临边与洞口。

（三）高处作业防护措施

1. 从事高处作业的人员必须定期进行检查。患有心脏病、高血压、贫血症、癫痫病和其他不适应症的人员，均不得从事高处作业。高处作业人员要按规定穿戴防护用品，如穿软底鞋，戴安全帽；悬空高处作业必须系好安全带，安全带应高挂低用。

2. 高处作业点下方必须设安全网。凡无外架防护的施工，必须在高度4～6m外设一层固定的安全网。电梯井口、楼梯口、预留洞口和通道口，均要设围栏、盖板或架网，如图10-1所示。楼面预留洞口大于1.5m以上，周围用双层钢管防护栏杆，中间兜设安全网，小于1.5m的洞口也可采用木板严密封闭牢固。梯口采用双层钢管防护，尽量利用永久结构作防护。

3. 高处作业中所有的物料应码放平稳、不可置放在临边或洞口附近，也不可妨碍通行和装卸。对作业中的走道、通道板和登高用具等，都应随时清扫干净。拆卸下来的物体、剩余材料和废料等都要加以清理和及时运走，不得任意乱置或向下丢弃。传递物件时不能抛掷。作业场所内，凡有坠落可能的任何物料，都要一律先行撤除或者加以固定，以防跌落伤人。

4. 基坑四周栏杆柱应采用预埋或打入地面的方式，深度为500～700mm。栏杆柱离基坑边口的距离不应小于500mm。当基坑周边采用板桩时，钢管可打在板桩外侧。

5. 混凝土楼面、地面、屋面或墙面栏杆柱可用预埋件与钢管或钢筋焊接的方式固定。当在砖或砌块等砌体上固定时，栏杆柱可预先砌入规格相适应的弯转扁钢作预埋件的混凝土块，固定牢固。

6. 临边防护应在1.2m、0.6m高处及底部设置二道防护栏杆，杆件内侧挂密目式安全立网。横杆长度大于2m时，必须加设栏杆柱。坡度大于1：2.2的斜面（屋面），防护栏杆的高度应为1.5m。

图10-1　基坑、洞口及临边防护

第三节　临时用电

（一）概述

临时用电是指施工现场在建筑施工过程中使用的电力，也是建筑施工用电工程或用电系统的简称。

（二）采用二级漏电保护系统

二级漏电保护系统是指在施工现场基本供配电系统的总配电箱和开关箱首、末二级配电装置中设置漏电保护器。其中，总配电箱中的漏电保护器可以设置于总路，也可以设置于各分路，但不必重叠设置。由于总配电箱中的漏电保护器跳闸会引起较大面积的停电，为安全起见，分配电箱中也应设置漏电保护器。

（三）临时用电的注意事项

1. 农户建房前应按照当地电力部门临时用电要求，办理临时用电手续，由专业人员安装合格的临时用电设备。不得擅自接电，不得私自转供电，避免发生安全事故。

2. 施工现场临时用电工程的电源中性点直接接地 220/380V 三相四线制低压电力系统，必须符合 TN-S 接零保护、三级配电、二级漏电保护的原则。

3. 使用设备前必须按规定穿戴和配备好相应的劳动防护用品，并检查电气装置和保护设施是否完好，严禁设备带"病"运转。

4. 搬迁或移动用电设备，必须在电工切断电源并作妥善处理后进行。

5. 电源动力线通过道路时，应架空或置于地槽内，槽上必须加设盖板保护。

6. 在建工程不得在高、低压线路下方施工。高、低压线路下方不能搭设作业棚、建造生活设施或堆放构件、架具、材料及其他杂物等。

7. 所有绝缘、检验工具，应妥善保管，严禁它用，并应定期检查、校验，电工在操作中应穿好绝缘鞋。

8. 线路上禁止带负荷接电或断电，并禁止带电操作。

第四节　施工机具

（一）概述

施工机具种类比较多，在乡村建设中常采用混凝土搅拌机、混凝土平板振捣器、木工圆盘锯、钢筋切断机等机具。作为乡村建设带头工匠，应熟悉常用机具的类型、性能以及安全使用要求，合理选择施工机具和施工方法，发挥机械的效率，提高经济效益。

（二）混凝土机械

混凝土机械是用来处理混凝土的设备，包括搅拌混凝土、运输混凝土、灌注混凝土等。农村建房常用的有混凝土搅拌机、混凝土平板振捣器等。

1. 混凝土搅拌机

混凝土搅拌机是把水泥、砂石骨料和水混合并拌制成混凝土混合料的机械。主要由拌筒、加料和卸料机构、供水系统、原动机、传动机构、机架和支承装置等组成，如图10-2所示。

安全操作要点：

（1）搅拌前应空车试运转。

（2）根据搅拌时间调整时间继电器定时，注意在断电情况下调整。

（3）用水湿润搅拌筒和叶片及场地。

（4）搅拌机运转过程中，如发生电气或机械故障应卸出部分拌合料，减轻负荷，排除故障后再开车运转。

（5）操作使用时，应经常检查，防止发生触电和机械伤人等安全事故。

（6）操作完毕，关闭电源，清理搅拌筒及场地，打扫卫生。

2. 混凝土平板振捣器

混凝土平板振捣器是一种在现代建筑中，用于混凝土捣实和表面振实，浇筑混凝土、墙、主梁、次梁及预制构件等的设备，如图10-3所示。

图 10-2 搅拌机

图 10-3 混凝土平板振捣器

安全操作要点：

（1）使用前检查，各部应连接牢固，旋转方向正确。

（2）混凝土平板振捣器不得放在初凝的混凝土、地板、脚手架和干硬的地面上进行试振。在检修或作业间断时，应切断电源。

（3）混凝土平板振捣器应保持清洁，不得有混凝土粘结在电动机外壳上妨碍散热。

（4）作业转移时，电动机的导线应保持足够的长度和松度。严禁用电源线拖拉振捣器。

（5）操作人员必须穿戴胶鞋和绝缘手套。

（6）作业后必须做好清洁、保养工作。混凝土平板振捣器要放在干燥处。

（三）木工机械

木工机械是一种专门用于木材加工的机械设备，广泛应用于木材加工等领域。农村建房常用的有木工圆盘锯、木工平面刨等。

图 10-4　木工圆盘锯

1. 木工圆盘锯

木工圆盘锯是木工常用的工具之一，它可以切割不同类型和厚度的木材，如图 10-4 所示。

安全操作要点：

（1）操作前应进行检查，锯片不得有裂口、断齿，锯片压紧螺母应上紧。

（2）电动机启动后，先要观察电动机旋转方向是否正确。

（3）操作时要戴防护眼镜，站在锯片一侧，禁止站在锯片同一直线上，手臂不得跨越锯片。

（4）进料必须紧贴靠山，不得用力过猛，遇硬节慢推。接料要等料出锯片 15cm 后进行，不得用手硬拉。

（5）短窄料应用推棍，接料使用刨钩。厚度超过锯片半径的木料，禁止上锯。

（6）机械启动后，待锯片转速正常后才能进行切割，锯片接触切割体时要轻缓；在切割过程中，不要清除切割渣滓，待停机后清理；停机时要先使切割体离开锯片，让电动机自然停转，不可用其他物体抵挡锯片，以使电动机快速停转。

（7）作业中如发生异响，应立即停机检查。

2. 木工平面刨

木工平面刨是用旋转或固定刨刀加工木料的平面或成形面的木工机床，如图 10-5 所示。

图 10-5　木工平面刨

安全操作要点：

（1）应明确规定，该设备除专业木工外，其他工种人员不得操作。

（2）应检查刨刀的安装是否符合要求，包括刀片紧固程度、刨刀的角度、刀口出台面高度等。刀片的厚度、重量应均匀一致，刀架、夹板必须平整贴紧，紧固刀片的螺钉应嵌入槽内不少于10mm。

（3）设备应装按钮开关，不得装扳把式开关，防止误开机。闸箱距设备的距离不大于3m，便于发生故障时，迅速切断电源。

（4）使用前，应空转运行，转速正常无故障时，才可进行操作。刨料时，应双手持料；按料时应使用工具，不要用手直接按料，防止木料移动手按空发生事故。

（5）刨木料小面时，手按在木料的上半部，经过刨口时，用力要轻，防止木料歪倒时手按刨口伤手。

（6）短于20cm的木料不得使用该设备。长度超过2m的木料，应由两人配合操作。

（7）刨料前要仔细检查木料，有铁钉、灰浆等物要先清除，遇木节、逆茬时，要适当减慢推进速度。

（8）需调整刨口，检查检修时，必须拉闸切断电源，待完全停止转动后进行。

（9）台面上的刨花不要用手直接擦抹，周围的刨花应及时清除。

（10）电平刨的使用，必须装设灵敏可靠的安全防护装置。目前，各地使用的防护装置不一，但不管何种形式，必须灵敏可靠，经试验认定确实可以起到防护作用。

（11）防护装置安装后，必须派遣专人负责管理，不能以各种理由拆掉，发现故障时，设备不能继续使用，必须待装置维修试验合格后，方可再用。

（四）钢筋机械

钢筋机械是用于完成各种混凝土结构物或钢筋混凝土预制件所用的钢筋和钢筋骨架等制作的机械。农村建房常用的有钢筋切断机（图10-6）。

钢筋切断机是一种剪切钢筋的工具，有全自动钢筋切断机和半自动钢筋切断机。

图10-6　钢筋切断机

安全操作流程：

（1）启动前，必须检查切刀有无裂纹，刀架螺栓是否紧固，防护罩是否牢靠，然后用手转动皮带轮，检查齿轮啮合间隙，调整切刀间隙。

（2）启动后，先空机运转，检查传动部分，待轴承运转正常后方可使用。

（3）机械未达到正常转速时，不得切料；切料时必须使用切刀中下部位，紧握钢筋对准刃口加速送入。

（4）不得剪切直径及强度超过机械铭牌规定的钢筋和烧红的钢筋。一次切断多根钢筋时，总截面面积应在规定范围内。

（5）剪切低合金钢时应换高硬度切刀，剪切直径应符合铭牌规定。

（6）切断短料时，手和切刀之间的距离应保持在150mm以上，如手握端小于400mm时，应用套管和夹具将钢筋端头压住或夹牢。

（7）运转中，严禁用手清除切刀附近的断头和杂物，钢筋摆动范围和切刀附近非操作人员不得停留。

（8）发现机械运转不正常，有异响或切刀歪斜等情况，应立即停机、停电检修。

（9）作业完毕，应切断电源，用钢刷清除切刀间的杂物，进行整机清洁保养。

第五节 消防安全

消防是预防火灾和扑救火灾的简称，我国消防工作的方针是"以防为主，防消结合"。"以防为主"就是要把预防火灾的工作放在首要的地位，要开展防火安全教育，提高人民群众对火灾的警惕性；健全防火组织，严密防火制度，进行防火检查，消除消防隐患，贯彻建筑防火措施等。

（一）燃烧条件

火灾是一种违反人们意志，在时间和空间上失去控制的燃烧现场。燃烧不一定会导致火灾，但火灾必然会存在燃烧。可燃物质在与空气共存的条件下，当达到某一温度时与火源接触，会立即引起燃烧，发生燃烧必须具备三个条件：

1. 可燃物质。凡是能够与空气中的氧或其他氧化剂起剧烈化学反应的物质，一般都称为可燃物质，如木材、纸张、汽油、酒精、氢气等。

2. 助燃物质。凡能和可燃物发生反应并引起燃烧的物质，称为助燃物质，如空气、氧气、过氧化钠等。

3. 有火源。凡能引起可燃物质燃烧的热能源，称为火源，如明火、高温、电火花等。

（二）动用明火注意事项

1. 动火人应了解周围现场情况，排除可能引发火灾的可燃物质。

2. 动用明火前应履行动火审批手续，做到不批准，不动火。

3. 动火前应明确动火地点、动火时间、动火人、现场监护人、批准人和防火措施，在人员和措施不到位的情况下，严禁动火。

4. 动火现场应有必要的、有效的灭火设施。

5. 动火环境恶化时应立即停止动火作业，如大风。

（三）灭火器的使用方法

灭火器是一种可携式灭火工具，也是常见的防火设施之一。

灭火器一般由筒体、筒盖、药剂胆、把柄、喷嘴组成。不同类型的灭火器内装填的成分不一样，是专为不同的火灾而设，使用时必须注意，以免产生反效果引起危险。施工作业人员应了解灭火器的使用范围、注意事项和使用方法。

常见的手提式干粉灭火器及使用方法如图 10-7 所示。

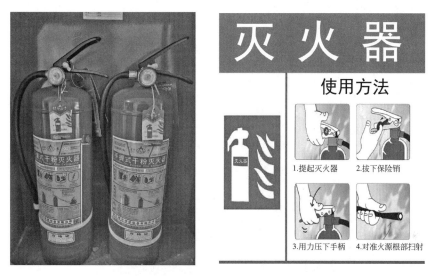

图 10-7　手提式干粉灭火器及使用方法

第六节　脚手架

脚手架是由杆件或结构单元、配件等通过可靠连接组成，能承受相应荷载，具有安全防护功能，为建筑施工提供作业条件的结构架体。

由于乡村建设带头工匠承建的农村住宅建筑总体高度较低，脚手架在形式上常采用落地扣件式，在材料上常采用毛竹❶和扣件式钢管等。

（一）脚手架的基本构造

不论脚手架架体采用何种材料，落地式外脚手架的基本构造都是相似的，都是由立杆、纵向水平杆、横向水平杆、剪刀撑、斜撑、抛撑、连墙件、扫地杆等杆件组成，如图 10-8 所示。

（二）脚手架的材质要点

1. 竹脚手架主要受力杆件应当选用生长期 3～4 年以上的毛竹或楠竹，竹杆应挺直、

---

❶　严格执行国家现行标准《建筑施工竹脚手架安全技术规范》（JGJ 254）和《施工脚手架通用规范》（GB 55023）的相关规定。

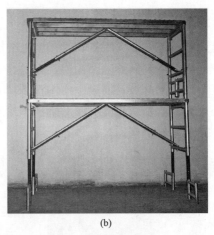

(a)　　　　　　　　　　　(b)

(c)

图 10-8　脚手架

(a) 竹脚手架；(b) 门式脚手架；(c) 扣件式钢管脚手架

质地坚韧；严禁使用弯曲不直、青嫩、枯脆、腐烂、虫蛀及裂纹连通两节以上的竹杆。

2. 钢管脚手架宜使用外径 48.3mm、壁厚 3.6mm、材质为 Q355 的钢管，表面平整、无锈蚀、裂纹、分层、错位、硬弯、压痕和深的划痕。

(三) 脚手架的搭设要点

1. 竹脚手架

(1) 搭设前应对材料进行检查验收。经检验合格的材料，应根据竹杆粗细、长短、材质、外形等情况合理挑选和分类，堆放整齐、平稳。

(2) 竹脚手架搭前，应清理、平整搭设场地，并应测放出立杆位置线，垫板安装位置应准确，并做好排水措施。

(3) 脚手架立杆、抛撑的地基处理要点：

1) 较松软的土层应进行分层夯实处理，而后放置木垫板，垫板宽度不小于 200mm，厚度不小于 50mm，并应绑扎一道扫地杆。横向扫地杆距垫板上表面不应超过 200mm，其上应绑扎纵向扫地杆。

2）较坚硬的土层应将杆件底端埋入土中，立杆埋深不得小于 200mm，抛撑埋深不得小于 300mm，坑口直径应大于杆件直径 100mm，坑底应夯实并垫以木垫板，垫板不得小于 200mm×200mm×50mm。埋杆时应采用垫板卡紧，回填土应分层压实，并应高出周围自然地面 50mm。

3）岩石土层或混凝土地面应在杆件底端绑扎一道扫地杆，横向扫地杆距垫板上表面不应超过 200mm，应在其上绑扎纵向扫地杆。地基土平整度不满足要求时，应在立杆底部设置木垫板，垫板不得小于 200mm×200mm×50mm。

（4）脚手架搭设程序要点：

1）竹脚手架的搭设应与施工进度同步，一次搭设高度不应超过最上层连墙件两步，且自由高度不应大于 4m。

2）应自下而上按步架设，每搭设完两步架后，应校验立杆的垂直度和水平杆的水平度。

3）剪刀撑、斜撑、顶撑等加固杆件应随架体同步搭设。

4）斜道应随架体同步搭设，并应与建筑物、构筑物的结构连接牢固。

（5）立杆搭设要点：

1）立杆应小头朝上，上下垂直，搭设到建筑物或构筑物顶端时，里排立杆应低于女儿墙上皮或檐口 0.4～0.5m；外排立杆应高出女儿墙上皮 1m，高出檐口 1.0～1.2m（平屋顶）或 1.5m（坡屋顶），最上一根立杆应小头朝下，将多余部分往下错动，使立杆顶平齐。

2）立杆应采用搭接接长，不得采用对接、插接接长。

3）立杆的搭接长度从有效直径起不得小于 1.5m，绑扎不得少于 5 道，两端绑扎点离杆件端部的距离不得小于 0.1m，中间绑扎点应均匀设置，相邻立杆的搭接接头应上下错开一个步距。

4）接长后的立杆应位于同一平面内，立杆接头应紧靠横向水平杆，并沿立杆纵向左右错开。当竹杆有微小弯曲时，应使弯曲面朝向脚手架的纵向，且应间隔反向设置。

（6）纵向水平杆搭设要点：

1）纵向水平杆应搭设在立杆里侧，主节点处应绑扎在立杆上，非主节点处应绑扎在横向水平杆上。

2）纵向水平杆搭接长度从有效直径起算不得小于 1.2m，绑扎不得少于 4 道，两端绑扎点与杆件端部的距离不应小于 0.1m，中间绑扎点应均匀设置。

3）搭接接头应设置于立杆处，且应伸出立杆 0.2～0.3m。两根相邻纵向水平杆的接头不宜设置在同步或同跨内，并应上下内外错开一倍的立杆纵距。架体端部的纵向水平杆大头应朝外，如图 10-9 所示。

（7）横向水平杆搭设要点：

1）横向水平杆主节点处应绑扎在立杆上，非主节点处应绑扎在纵向水平杆上。

2）非主节点处的横向水平杆应根据支撑脚手板的需要等间距设，其最大间距不应大于立杆纵距的 1/2。

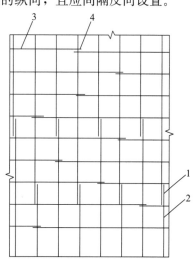

图 10-9　立杆和纵向水平杆接头布置
1—立杆接头；2—立杆；3—纵向水平杆；
4—纵向水平杆接头

3）横向水平杆每端伸出纵向水平杆的长度不应小于 0.2m，里端距墙面宜为 0.12～0.15m，两端应与纵向水平杆绑扎牢固。

4）节点处相邻横向水平杆应错开搁置在立杆的不同侧面，且同一立杆相交的横向水平杆应保持在立杆的同一侧面。

5）采用竹笆脚手板时，横向水平杆应置于纵向水平杆之下，采用竹串片脚手板时，横向水平杆应置于纵向水平杆之上。

（8）顶撑搭设要点：

1）紧贴立杆设置，顶紧水平杆，与上、下方的水平杆直径匹配，两者直径相差不得大于顶撑直径的 1/3。

2）与立杆绑扎且不得少于 3 道，两端绑扎点与杆件端部的距离不应小于 0.1m，中间绑扎点应均匀设置。

3）顶撑应使用整根竹杆，不得接长，上下顶撑应保持在同一垂直线上。

4）当使用竹笆脚手板时，顶撑应顶在横向水平杆的下方；当使用竹串片脚手板时，顶撑应顶在纵向水平杆的下方，如图 10-10 所示。

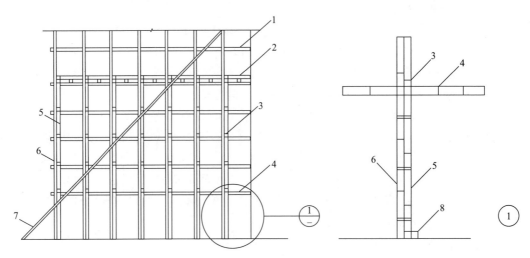

图 10-10　顶撑设置

1—栏杆；2—脚手板；3—横向水平杆；4—纵向水平杆；

5—顶撑；6—立杆；7—剪刀撑；8—垫板

（9）连墙件搭设要点：

1）连墙件宜采用二步二跨（竖向间距不大于 2 步，横向间距不大于 2 跨）、二步三跨（竖向间距不大于 2 步，横向间距不大于 3 跨）或三步二跨（竖向间距不大于 3 步，横向间距不大于 2 跨）的布置方式。

2）连墙件应靠近主节点设置，当距离主节点大于 300mm 时，应设置水平杆或斜杆对架体局部加强。

3）连墙件应从第二步架开始设置。

4）连墙件应采用菱形、方形或矩形布置。

5）一字型和开口型脚手架的两端应设置连墙件，并应沿竖向每步设置一个。

6）转角两侧立杆和顶层的操作层处应设置连墙件。

7）连墙件可采用 8 号镀锌铁丝或 $\phi 6$ 钢筋作为拉件与毛竹作为顶件组合设置。

8）连墙件与建筑物、构筑物的连接应牢固，不得设置在填充墙等部位。

（10）剪刀撑搭设要点：

1）应采用连续式剪刀撑。

2）剪刀撑应在脚手架外侧由底到顶连续设置，与地面倾角应为 45°～60°。

3）剪刀撑应与其他杆件同步搭设，并宜通过主节点，紧靠脚手架外侧的立杆和与之相交的立杆、横向水平杆等全部两两绑扎。

4）剪刀撑的搭接长度从有效直径起算不得小于 1.5m，绑扎不得少于 3 道，两端绑扎点与杆件端部的距离不应小于 100mm，中间绑扎点应均匀设置。剪刀撑应大头朝下，小头朝上。

（11）斜撑搭设要点：

1）水平斜撑应设置在脚手架有连墙件的步架平面内，水平斜撑的两端与立杆的绑扎应呈之字形，并将其中与连墙件相连的立杆作为绑扎点，如图 10-11 所示。

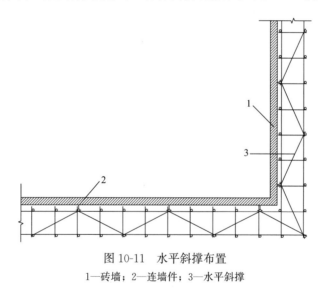

图 10-11　水平斜撑布置

1—砖墙；2—连墙件；3—水平斜撑

2）一字型、开口型双排脚手架的两端应设置横向斜撑，并应在同一节间由底至顶呈之字形连续设置，杆件两端应固定在与之相交的立杆上。

（12）当竹脚手架搭设高度低于三步时应设置抛撑。抛撑应采用通长杆件与脚手架可靠连接，与地面呈 45°～60°，连接点中心至主节点的距离不应大于 300mm。

（13）脚手板搭设要点：

1）作业层脚手板应铺满、铺稳，离开墙面距离不应大于 150mm。

2）作业层端部脚手板探头长度不应超过 150mm，其板长两端均应与支承杆可靠地固定。

3）脚手架内侧横向水平杆的悬臂端应铺设竹串片脚手板，脚手板距墙面不应大于 150mm。

4）当作业层铺设竹笆脚手板时，应在内外侧纵向水平杆之间设置搁栅，搁栅设置在横向水平杆上面与横向水平杆绑扎牢固；搁栅接长应采用搭接方式，搭接处应头搭头，梢搭梢，搭接长度从有效直径起算不得小于1.2m，搭接端应在横向水平杆上伸出200～300mm。

2. 扣件式钢管脚手架

（1）钢管扣件脚手架搭设中应注意地基平整坚实，设置底座和垫板，并有可靠的排水措施，防止积水浸泡地基。

（2）常用密目式安全网全封闭双排脚手架结构的设计尺寸按规定选取。

（3）纵向水平杆搭设要点：

1）纵向水平杆应设置在立杆内侧，单根杆长度不应小于3跨。

2）纵向水平杆接长应采用对接扣件连接或搭接，并应满足：

a. 两根相邻纵向水平杆的接头不应设置在同步或同跨内，不同步或不同跨的两个相邻接头在水平方向错开的距离不应小于500mm，各接头中心至最近主节点的距离不应大于纵距的1/3，如图10-12所示。

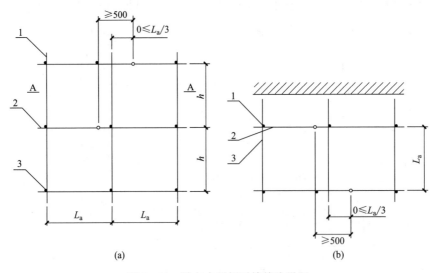

图10-12 纵向水平杆对接接头设置

（a）接头不在同步内（立面）；（b）接头不在同跨内（平面）

1—立杆；2—纵向水平杆；3—横向水平杆

b. 搭接长度不应小于1m，应等间距设置3个旋转扣件固定；端部扣件盖板边缘至搭接纵向水平杆杆端的距离不应小于100mm。

（4）横向水平杆搭设要点：

1）作业层上非主节点处的横向水平杆宜根据支承脚手板的需要等间距设置，最大间距不应大于纵距的1/2。

2）当使用冲压钢脚手板、木脚手板、竹串片脚手板时，双排脚手架的横向水平杆两端均应采用直角扣件固定在纵向水平杆上；单排脚手架的横向水平杆的一端应用直角扣件固定在纵向水平杆上，另一端插入墙内，插入长度不小于180mm。

3）使用竹笆脚手板时，双排脚手架的横向水平杆的两端应用直角扣件固定在立杆上；单排脚手架的横向水平杆的一端应用直角扣件固定在立杆上，另一端插入墙内，插入长度不小于180mm。

4）主节点处必须设置一根横向水平杆，用直角扣件扣接，且严禁拆除。

（5）脚手板搭设要点：

1）作业层脚手板应铺满、铺稳、铺实。

2）冲压钢脚手板、木脚手板、竹串片脚手板等应设置在三根横向水平杆上。当脚手板长度小于2m时，可采用两根横向水平杆支承，但应将脚手板两端与横向水平杆可靠固定，严防倾翻。脚手板的铺设应采用对接平铺或搭接铺设，如图10-13所示。脚手板对接平铺时，接头处应设两根横向水平杆，脚手板外伸长度应取130～150mm，两块脚手板外伸长度的和不应大于300mm；脚手板搭接铺设时，接头应支在横向水平杆上，搭接长度不应小于200mm，其伸出横向水平杆的长度不应小于100mm。

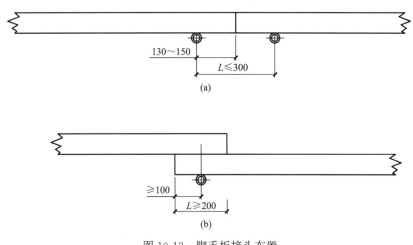

图10-13　脚手板接头布置
（a）脚手板对接；（b）脚手板搭接

3）竹笆脚手板应按其主竹筋垂直于纵向水平杆方向铺设，且应对接平铺，四个角应用直径不小于1.2mm的镀锌钢丝固定在纵向水平杆上。

4）作业层端部脚手板探头长度应取150mm，其板的两端均应固定于支承杆件上。

（6）脚手架立杆搭设要点：

1）每根立杆底部应设置底座，底座下设置木垫板，木垫板的厚度应为50mm。

2）脚手架须设置纵、横向扫地杆，纵向扫地杆应采用直角扣件固定在距钢管底端不大于200mm处的立杆上，横向扫地杆应采用直角扣件固定在紧靠纵向扫地杆下方的立杆上。

3）脚手架立杆基础不在同一高度上时，必须将高处的纵向扫地杆向低处延长两跨与立杆固定，高低差不应大于1m。靠边坡上方的立杆轴线到边坡的距离不应小于500mm，如图10-14所示。

4）脚手架底层步距均不应大于2m。

5）立杆接长除顶层顶部外必须采用对接扣件连接。

6）脚手架立杆顶端栏杆宜高出女儿墙上端1m，高出檐口上端1.5m。

（7）连墙件搭设要点：

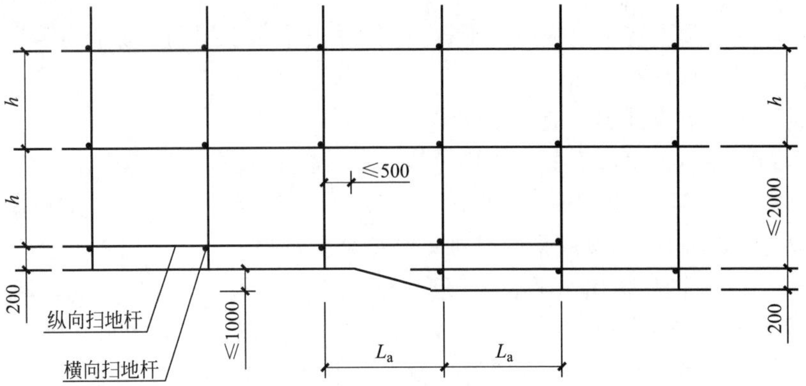

图 10-14　纵、横向扫地杆构造

1）脚手架连墙件的数量除满足立杆稳定、连墙件受力外，还应符合竖向最大间距不超过 3 倍步距，水平间距不超过 3 倍纵距，每根连墙件覆盖面积不超过 40m^2 的要求。

2）连墙件应靠近主节点设置，偏离主节点的距离不大于 300mm。

3）连墙件应从底层第一步纵向水平杆处开始设置，当该处设置困难时，应采用其他可靠措施固定。

4）连墙件宜优先采用菱形布置，采用方形、矩形布置亦可。

5）开口型脚手架的两端必须设置连墙件，连墙件的垂直间距不大于建筑物的层高，并且不应大于 4m。

6）连墙件中的连墙杆应呈水平设置，当不能水平设置时，应向脚手架一端设斜连接。

7）连墙件必须采用可承受拉力和压力的构造。

(8) 剪刀撑与横向斜撑搭设要点：

1）双排脚手架应设置剪刀撑与横向斜撑。

2）每道剪刀撑跨越立杆的根数应按规定确定。每道剪刀撑宽度不应小于 4 跨，且不应小于 6m，斜杆与地面的倾角应为 $45°\sim60°$。

3）必须在外侧两端、转角及中间间隔不超过 15m 立面上各设置一道剪刀撑，由底至顶连续设置，也可在外侧全立面连续设置剪刀撑。

4）剪刀撑斜杆的接长应采用搭接或对接，搭接要求同立杆。

5）剪刀撑斜杆应用旋转扣件固定在与之相交的横向水平杆的伸出端或立杆上，旋转扣件中心线至主节点的距离不应大于 150mm。

6）双排脚手架横向斜撑应在同一节间由底层至顶层呈之字形连续布置，开口型双排脚手架的两端均需设置横向斜撑。

3. 门式脚手架

(1) 门式脚手架搭设顺序为：基础准备→安放垫板→安放底座→竖两榀单片门架→安装交叉杆→安装脚手板→以此为基础重复安装门架、交叉杆、脚手板工序。

(2) 基础必须夯实，并宜铺 100mm 厚道渣一层，且应做好排水坡，以防积水。

(3) 门式钢管脚手架应从一端开始向另一端搭设，上步脚手架应在下步脚手架搭设完毕后进行，搭设方向与下步相反。

（4）门式脚手架的搭设，应先在端点底座上插入两榀门架，并随即装上交叉杆固定，锁好锁片，然后搭设之后的门架，每搭一榀，随即装上交叉杆和锁片。

（5）门式钢管脚手架的外侧应设置剪刀撑，竖向和纵向均应连续设置。

（四）脚手架的拆除要点

1. 拆除脚手架前的准备工作：全面检查脚手架，重点检查扣件连接固定、支撑体系等是否符合安全要求；根据检查结果及现场情况编制拆除方案并经相关人员批准；进行技术交底；根据现场拆除的情况，设围栏或警戒标志，并有专人看守；清除脚手架中留存的材料、电线等杂物。

2. 拆除架子的工作地区严禁非操作人员进入。

3. 拆架子时必须有专人指挥，做到上下呼应，动作协调。

4. 拆除顺序应是后搭设的部件先拆，先搭设的部件后拆，严禁采用推倒或拉倒的拆除方法。

5. 固定件应随脚手架逐层拆除，当拆除至最后一节立管时，应先搭设临时支撑加固后，方可拆除固定件与支撑件。

6. 拆除的脚手架部件应及时运至地面，严禁从空中抛掷。

7. 运至地面的脚手架部件应及时清理、保养。根据需要涂刷防锈油漆，并按品种、规格入库堆放。

（五）脚手架的安全技术要求

1. 搭拆脚手架必须由专业工匠担任，持证上岗。上岗人员应定期进行体检，凡不适合高处作业者不得上脚手架操作。

2. 搭拆脚手架时，操作人员必须戴安全帽、系安全带、穿防滑鞋。

3. 未搭设完的脚手架，非专业工匠一律不准上架。

4. 作业层上的施工荷载应符合设计要求，不得超载。不得在脚手架上集中堆放模板、钢筋等物件，严禁在脚手架上拉缆风绳，严禁在脚手架上固定、架设模板支架及混凝土泵送管等，严禁悬挂起重设备。

5. 不得在脚手架基础及邻近处进行挖掘作业。

6. 临街搭设的脚手架外侧应有防护措施，以防坠物伤人。

7. 搭拆脚手架时，地面应设围栏和警戒标志，并派专人看守，严禁非操作人员入内。

8. 六级及六级以上大风和雨、雪、雾天气不得进行脚手架搭拆作业。

9. 在脚手架使用过程中，应定期对脚手架及其地基基础进行检查和维护，特别是下列情况下，必须进行检查：

（1）作业层上施工加荷载前。

（2）遇大雨、六级及以上大风后。

（3）寒冷地区开冻后。

（4）停用时间超过一个月。

10. 如发现倾斜、下沉、松扣、崩扣等现象要及时修理。

11. 钢管脚手架上安装照明灯时，电线不得接触脚手架，并要做绝缘处理。

第七节　文明施工

文明施工是指保持施工场地整洁、卫生，施工组织科学，施工程序合理的一种施工活动。实现文明施工，不仅要着重做好现场的场容管理工作，而且还要做好现场材料、设备、安全、技术、保卫、消防和生活卫生等方面的管理工作。

工人操作地点和周围必须清洁整齐，做到活完脚下清，工完场地清，丢洒在楼梯、楼板上的杂物和垃圾要及时清除。

施工现场应封闭围挡严禁居住人员，严禁村民、小孩等无关人员在施工现场穿行、玩耍。

第八节　安全事故应急处理

（一）火灾急救知识

1. 火灾急救

（1）施工现场发生火警、火灾事故时，应立即了解起火部位、燃烧的物质等基本情况，拨打"119"向消防部门报警，同时组织撤离和补救。

（2）在消防部门到达前，对易燃易爆的物品采取准确有效的隔离措施。如切断电源，撤离火场内的人员和周围易燃易爆物及一切贵重物品，根据火场情况，机动灵活地选择灭火器具。

（3）救火人员应注意自我保护，使用灭火器材救火时应站在上风位置，以防因烈火、浓烟熏烤而受到伤害。

（4）必须穿越浓烟逃走时，应尽量用浸湿的衣物披裹身体，用湿毛巾或湿布捂住口鼻，或贴近地面爬行。身上着火时，可就地打滚，或用厚重衣物覆盖压灭火苗。

（5）大火封门无法逃生时，可用浸湿的被褥衣物等堵塞门缝，泼水降温，呼救待援。

（6）在扑救的同时要注意周围情况，防止中毒、坍塌、坠落、触电、物体打击，预防二次事故的发生。

（7）在灭火后，应保护火灾现场，以便事后调查起火原因。

2. 烧伤人员现场救治

（1）伤员身上燃烧着的衣服一时难以脱下时，可让伤员躺在地上滚动或用水扑灭火焰。如附近有河沟和水池，可让伤员跳入水中。如肢体烧伤，则可把肢体直接浸入冷水灭火和降温，以保护身体组织免受灼伤。

（2）用清洁包布覆盖烧伤面做简单包扎，避免创面污染。

（3）伤员口渴时可给适量饮水或含盐饮料。

（4）经现场处理后的伤员要迅速转送医院救治，转送过程中要注意观察呼吸、脉搏、血压等的变化。

3. 火灾报警方法

（1）要牢记火警电话119，消防队救火不收费。

（2）接通电话后要沉着冷静，向接警中心讲清失火单位的名称、地址、什么东西着火、火势大小以及着火范围。同时，还要注意听清对方提出的问题，以便正确回答。

（3）把自己的电话号码和姓名告诉对方，以便联系。

（4）打完电话后，要立即到交叉路口等候消防车，以便引导消防车迅速赶到火灾现场。

（5）迅速组织人员疏通消防车道，清除障碍物，使消防车到火场后能立即进入最佳位置灭火救援。

（6）如果着火地区发生了新的变化，要及时报告消防队，使其能及时改变灭火战术，以取得最佳效果。

（7）在没有电话或没有消防队的地方，如农村和边远地区，可采用敲锣、吹哨、喊话等方式向四周报警，动员乡邻来灭火。

（二）触电急救知识

1. 首先应拉下开关、拔下插头或切开断路器，也可戴上绝缘手套或用带有绝缘柄的利器切断电源线。

2. 如果无法迅速拉下开关、拔下插头或切开断路器，可用干燥的木棍挑开电线，或用干燥的衣服包住手或电线再使其分开。

3. 如果触电者由于痉挛，手指紧握导线或导线缠绕在身上，救护人可先用干燥的木板塞进触电者身下，使其与地绝缘来隔断电源，然后再采取其他办法把电源切断。

4. 地面有水潮湿时，救护者应穿绝缘鞋，或站在木板或绝缘垫上进行施救。水中触电时，如果没有切断电源，不要随便施救。

5. 触电者脱离电源后，如果没有心跳和呼吸应立即进行心肺复苏，在医护人员到来之前不要停止。

（三）高处坠落急救

发现人员从高处坠落或摔伤等意外时，要仔细检查其头部、颈部、胸部、腹部、四肢、背部和脊椎，看看是否有肿胀、青紫、局部压疼、骨摩擦声等其他内部损伤，假如出现上述情况，不能随意搬动患者，需按照正确的搬运方法进行搬运，否则可能造成患者神经、血管损伤，并加重病情。

如怀疑有内伤，应尽早使伤员得到医疗处理，运送伤员时要采取卧位，小心搬运，注意保持呼吸道通畅，注意防止休克。

运送过程中如突然出现呼吸、心搏骤停时，应立即采取人工呼吸和体外心脏按压法等急救措施。

经现场初步处理后的伤员，应尽快正确地搬运转送医院抢救。不正确的搬运可导致继发性的创伤，加重病情甚至威胁生命。

1. 搬运伤员要点

（1）肢体受伤有骨折时，宜在止血包扎固定后再搬运，以防止骨折断端因搬运振动而移位，加重疼痛，继发损伤附近的血管神经，使创伤加重。

（2）处于休克状态的伤员，要让其安静、保暖、平卧、少动，并将下肢抬高约20°，及时止血、包扎、固定伤肢，以减少创伤疼痛，尽快送医院进行抢救治疗。

（3）在搬运严重创伤、伴有大出血、已休克的伤员时，要平卧运送，伤员头部可放置冰袋或戴冰帽，路途中要尽量避免振荡。

（4）在搬运高处坠落伤员时，若有脊椎受伤可能的，一定要使伤员平卧在硬板上搬运，切忌只抬伤员的两肩与两腿，或单肩背伤员。因为这样会使伤员的躯干过分屈曲或过分伸展，致使已受伤的脊椎移位，甚至断裂，造成截瘫，导致死亡。

2. 现场常用的搬运方法

（1）担架搬运法。用担架搬运时，要使伤员头部向后，以便后面抬担架的人可随时观察其变化。

（2）单人徒手搬运法。轻伤者可挟着走，重伤者可让其伏在急救者背上，双手绕颈交叉下垂，急救者用双手自伤员大腿下抱住伤员大腿。

（四）中暑急救

夏季，施工劳动者最容易发生中暑，轻者全身疲乏无力，头晕、头疼、烦闷、口渴、恶心、心慌，重者可能突然晕倒，或者昏迷不醒。

遇到这种情况应马上进行急救，让病人平躺，并放在阴凉通风处，松解衣扣和腰带，慢慢地给病人喝一些凉开（茶）水、淡盐水或西瓜汁等，也可给病人服用十滴水、仁丹、藿香正气片（水）等消暑药。病重者，要及时送医院治疗。

第十一章　施工组织协调

第一节　施工协调概述

施工协调是以一定的组织形式、手段和方法，对项目管理中产生的关系进行调整，对资源分配进行优化，对干扰和障碍进行排除的过程。施工项目在运行中会涉及很多方面的关系，为了处理好这些关系，就需要协调，协调是管理的重要职能。协调的目的就是取得协助，使协作各方协同一致，齐心协力，实现目标。

乡村建设带头工匠作为承包人，如果把施工项目作为一个整体系统，协调的关系则可分为内层、中层、外层。与承包人有聘用合同、采购合同、发包合同等利益分配关系的作业人员、供应方、分包单位等，可以划分为内层协调关系；与项目建设紧密相关，具有合作共赢关系的建设单位或建房户、设计人员、监理人员、检测人员等，可以划分为中层协调关系；与项目建设紧密相关，具有审批监管关系的审批部门、监督管理部门、市政公用部门、周边居民等，可以划分为外层协调关系。

施工协调的内容可以按以下几个方面进行分类。

1. 人际关系的协调。主要协调项目组织内层、中层及外层的人际关系，当各关系人之间产生协作和矛盾时，就需要进行良好的协调。

2. 组织关系的协调。主要协调内层各组织之间的关系，包括各级组织的建立、分工及相互协作。

3. 供求关系的协调。主要协调施工项目所需人力、资金、设备、材料、技术、信息的供求关系，以期达到最佳的供求平衡。

4. 协作关系的协调。主要协调中层发包人、设计人、监理人、分包人、供应商之间的配合关系，追求各方合作共赢，利益最大化。

5. 审批监管关系的协调。主要协调外层审批部门、监督管理部门、市政公用部门、周边居民等，使工程施工符合国家政策，满足审批监管要求，降低对周边环境及居民的不利影响。

通过良好的协调能够调动施工人员的积极性，提高项目组织的运转效率，促进工程参建各方的合作共赢，推进项目合法顺利地建设。虽然乡村建设项目繁简不一，复杂程度不同，但是只有协调好施工项目内、中、外大量的复杂关系，才能保证施工目标的顺利实现。

第二节　施工协调内容

（一）施工内层关系的协调

内层协调关系，指承包人与有聘用合同、采购合同、发包合同等利益分配关系的作业人员、供应方、分包单位等之间的协调。对于内层协调，承包人在追求施工利润的同时，不得损害一线施工人员的权益，并积极为合作各方带来效益。做好内层关系的协调，主要有以下三个方面。

1. 雇佣关系的协调

雇佣人员关系，指承包人与聘用人员或下属的关系，包括施工作业人员、采购人员、财务人员等，协调这些关系主要靠建立个人信誉和威信。施工过程中，用人要扬长避短，并采取相应的民主集中制。各施工阶段，都要对工作成果进行评价和激励，充分调动每个人的积极性。

2. 分包关系的协调

选择分包人或合作人时，应注意选择具有相应资质等级的分包人，或具备相应施工能力的合作人员。在确定分包关系时，要通过合同清晰约定好总分包之间的责任和利益，并明确纠纷处理方式。施工过程中，要建立双方的沟通协调机制，比如要定期召开施工协调会，及时解决交叉施工中的问题。

3. 供应关系的协调

工程项目所需钢筋、水泥、木材、砂石料、砖块、石料、钢木门窗及构配件、机电设备等，由承包人按用料计划与材料供应商签订供应合同。为使材料、机具供应满足施工需求，一是要抓住计划环节，制定计划，明确材料及机具供应的时间、规格、数量和质量；二是要抓住瓶颈环节，明确主要材料供应的关键节点，避免对工期和质量带来较大影响；三是要加强调度工作，使资源供应平衡，既满足施工需要，又降低施工成本。

(二) 施工中层关系的协调

中层协调关系，指承包人与发包人、设计人员、监理人员、检测人员等之间的协调关系。这些项目参建方围绕施工进行，需要紧密协作配合，应该基于相互尊重、合作共赢的原则进行协调。

1. 与发包人的协调

承包人与发包人两者之间的关系从招标投标或者洽商委托施工任务开始，中间经过施工准备、施工中的检查与验收、进度款支付、工程变更、进度协调、交工验收等，关系非常密切。两者之间的关系主要通过洽谈、签订和履行合同，提供场地及部分物资，以及验收和支付工程款等体现。因此，承发包双方协调的基础是双方签订的合同及施工过程中的合同补充文件，目前，大部分地方都已印发了《农村住房建设施工合同示范文本》或《建设工程施工合同示范文本》，承发包双方可在此基础上签订施工委托合同。

2. 与设计人的协调

农房建设实施"三带图"制度，即新建农房带图审批、带图施工、带图验收。建房户应当在开工前向承包人提供设计图纸。施工前，承包人应组织施工人员一起熟悉图纸相关内容，并结合现场实际情况对图纸进行审查复核。当对图纸有疑问或者发现图纸有错漏的情况时，应立即与设计人进行沟通，不得擅自修改图纸，自行施工。经协商，需对图纸进行变更时，应及时请发包人及设计人出具设计变更，对变更工程量进行书面确认。

承包人要严格按照已取得批准的建房设计图纸施工，遵守有关法律法规、施工操作规范和施工技术标准，确保施工质量和安全。

3. 与监理人的协调

发包人建房可以委托具有房屋建筑工程监理或设计资质的单位对农村住房施工进行监理，也可以委托房屋建筑工程专业的注册监理人员或者设计人员或者工程师以上专业人员进行监理。

如果发包人委托监理单位进行监理，监理与施工的关系就是监理与被监理的关系，承包人在项目建设过程中，必须接受监理人的监督管理。施工过程中，承包人需为监理人开展工作提供便利，按照要求提供完整的原始记录、检测记录等资料。

监理人按国家有关规定及发包人授权实施监督管理，主要材料、设备入场前，发包人、承包人、监理人应对施工的设备、材料等是否符合发包文件要求进行共同确认。监理过程中，监理人员发现施工过程存在问题时，应当及时通知承包人整改，并及时报告发包人。

（三）施工外层关系的协调

外层协调关系，指承包人与市政公用部门、审批部门、监督管理部门、周边居民等之间的协调关系。这些关系的处理没有固定模式，需要在合法合规的基础上灵活掌握。

1. 与市政公用部门的协调

市政公用设施包括公共道路的使用或开挖埋管，水、电、气、热等能源的临时或永久接入等。为保证项目施工及时开展以及后续顺利投入使用，承包人或发包人需提前与市政公用部门进行对接，办理占用审批或者资源申请手续，并签订合同、缴纳相关费用。施工过程中，承包人或发包人需注意与市政公用部门做好衔接，安排好市政公用设施进场施工时间，并提供必要的配合。

2. 与审批部门的协调

承接项目时，承包人应协助发包人凭农村住房建设申请表、户籍证明或乡（镇）政府、街道办事处认可的其他证明材料、发包人委员会签署的书面意见、建房设计图纸、委托建房合同等相关材料至乡（镇）政府、街道办事处办理建房申请手续，做好配合服务。

目前，一般各地乡（镇）政府、街道办事处将在农村发包人建房申请批准之日起15日内组织定点放线。部分地方，发包人需要立即开工建设的，乡（镇）政府、街道办事处在农村发包人建房申请批准之日起3日内即组织定点放样工作。

农村住房竣工后，承包人还应协助发包人向所在地乡（镇）政府、街道办事处提出用地和规划核实申请，由乡（镇）政府、街道办事处出具核实文件。

3. 与监管部门的协调

目前，施工过程中，各地乡（镇）政府、街道办事处都会对农村住房建设定期组织开展巡查监督，定点放线、基槽验收、楼面现浇、檐口浇筑、竣工验收等关键节点会派专员到场监督并形成记录，保障农村住房建设管理各项规定有效落实。

承包人应支持配合乡（镇）政府、街道办事处开展监督检查，不得拒绝或者阻碍。

4. 与周边居民的协调

发包人或者发包人委托承包人，在开工前需保障建房地点通电、通水、通路、场地平整，承包人应积极做好协助配合工作。场地具备施工条件时，应对工程概况进行公告，列明发包人、承包人联系方式，承包人在施工期间应加强对噪声、扬尘、污水排放等环境影响因素的管理，尽可能减小对周边居民休息、出行等日常生活的影响。

5. 与档案管理部门的协调

目前，各地乡（镇）人民政府、街道办事处负责将农村住房建设管理中收集的资料整理归档，有的地方参照城市建设档案管理规定和标准对农村住房建设进行档案管理，并建立电子档案。

施工过程中及工程建成后，承包人应及时做好施工资料的整理，并配合发包人做好工程档案的移交归档。

第三节　劳动力协调管理

施工任务都要通过乡村建设工匠的劳动来实现，因此，施工协调首先应协调好劳动力的安排与使用。劳动力协调管理是有关劳动力和劳动活动的计划与决策、组织与指挥、控制与协调、教育与激励等项工作的总和。乡村建设带头工匠应根据工程建设项目施工现场客观规律的要求，合理配备、使用和调整劳动力。劳动力协调管理水平是反映现场管理水平的重要标志。

（一）劳动力管理的内容及任务

1. 劳动力管理的内容

（1）劳动力的招收、培训、录用和调配，劳务班组的选择。

（2）科学合理地组织劳动力，节约使用劳动力。

（3）改善劳动条件，保证职工在生产中的安全与健康。

（4）加强劳动纪律，开展劳动竞赛。

（5）劳动者的考核、晋升和奖罚。

2. 劳动力管理的任务

（1）加强劳动力管理，降低劳动消耗，提高劳动生产率，促进生产的发展。

（2）全面贯彻国家有关劳动工资方面的方针、政策和法令，坚持按劳分配，正确处理工匠及分包人之间的利益关系。

（3）不断提高施工人员的技术和业务水平，提高人员素质，最有效、最合理地组织劳动力和劳动活动。

（二）劳动力来源及组织形式

1. 劳动力的来源

劳动力的来源主要分为聘用工人和劳务分包两种形式。

（1）聘用工人。承包人根据需求聘用的工人，一般签订定期合同，有的甚至是长期合同。

（2）劳务分包。随着建筑技术和管理技术的发展，专业分工更加细化，往往采取劳务分包方式选择劳动力。

2. 劳动力组织形式

劳动力组织形式对保证现场的均衡施工，防止施工人员短缺或窝工有重要作用。劳动力组织要服从施工生产的需要，在保持一定稳定性的情况下，随现场施工的情况进行调整，需根据施工对象结构特点、技术复杂程度、工程量大小等特点，分别采取不同的劳动力组织形式。

乡村建设项目一般属于小型工程，可以采用直线制管理、混合施工队的组织形式。混合施工队是按劳动对象所需的相互联系的工种、工人，组织在一起形成的施工队，其优点是便于统一指挥、协调生产和工种间的搭接配合，但要求管理严密得力，否则容易产生窝工现象。

（三）劳动力管理的内容

为保障工程工期、质量、安全等目标，必须对劳动力需求计划编制、人员培训考核、过程管理、资源优化等方面进行研究，选择合适的劳动力协调管理方法。

1. 劳动力需求计划编制

编制劳动力需求计划应根据工程实物量计算各分部分项工程的劳动需用总工日，然后分析确定各施工阶段劳动人员的数量及进场计划。编制劳动力需求计划时，要考虑分部分项工程量、劳动力投入量、作业持续时间、班次、劳动效率等因素，也要考虑环境、气候、地形、地质等情况，最终结合现场平面布置、劳动组合等进行确定。

2. 劳动力资源的落实

劳动力需求计划编制完成后，要与承包人现有可供调配的劳动力进行比较，从数量、工期、技术水平等方面进行综合考虑，按计划落实应入场的人员。确定现场人员时，要按照每个人的不同优势与劣势，合理搭配，发挥整体效能，同时要根据现场施工进展情况随时进行人员结构、数量的调整。

3. 劳动力的培训考核

培训要理论教学与实训教学相结合，内容涵盖政策法规、建筑图识读、建筑结构、建筑材料、工程测量、施工技术、安全检测和维修加固等。劳动力培训可以充分利用职业技术学校、技工院校和社会化培训机构建立的培训基地进行培训。

为全面提升劳动力的知识水平和技术能力，有的地方明确工匠参加首次培训的时间不少于16学时，经培训考核合格的，由住房和城乡建设主管部门颁发工匠培训合格证书；有的地方明确工匠实行继续教育培训制度，定期组织继续教育培训，每三年为一个周期。当农村住房建设有关法律、政策、标准发生变化时，可以根据需要临时组织培训。

4. 劳动力的过程管理

施工过程的质量、进度、效益是否满足要求，最终取决于劳动力的过程管理水平，所以，施工过程中需建立科学合理的劳动力管理体系。

（1）建立各项规章制度。工程施工在时间和空间上都需要各工种协作配合，同时各道工序又有各自的操作规程和质量标准，因此，需要建立一定的组织和技术的规章制度来保障施工的顺利进行。

（2）下达施工任务单。施工任务单是现场向施工班组或工匠下达的作业任务书，是现场劳动力管理的重要依据，也是贯彻按劳分配、调动职工劳动积极性的重要手段。施工任务单的形式一般以班组或者工匠为对象，时间应长短相宜，符合实际施工情况，周期可采用天、周、半个月、月等。施工任务单是按劳分配的重要依据，是非常重要的原始记录资料，因此要妥善保存。

5. 劳动力安全管理

建立安全管理制度，加强工匠安全生产和文明施工教育，避免安全生产事故发生。特殊工序应制订安全技术措施方案。

对进入现场的人员进行教育，宣传劳动保护及安全卫生工作的重要性，增强职工自我防范意识。定期进行全面的专项检查，并认真总结和交流。

（四）劳动力工资管理

工资是依据劳动者提供的劳动量支付给劳动者的劳动报酬。工资形式主要有计时工资、计件工资、奖金和津贴。

1. 计时工资

计时工资是根据劳动者的工作时间和相应的工资标准来支付劳动报酬的一种工资形式。按照计算的时间单位不同，一般分为三种，即小时工资制、日工资制和月工资制。采用这种工资形式的劳动者所得工资的多少，并不直接与其劳动成果多少发生关系，且计算简便，所以计时工资制简单易行、适应性强、适用范围广。一般泥瓦工、水电工、木工、油漆工、小工按日工资计。

计时工资制在实行按劳分配中也存在着明显的局限性。一是计时工资侧重以劳动的外延量计算工资，至于劳动的内含量即劳动强度则不能准确反映；二是就同等级的各个劳动者来说，所付出的劳动量有多有少，劳动质量也有高低之别，而计时工资不能反映这种差别，容易出现干多干少、干好干坏一个样的现象。

为了贯彻按劳分配原则，可采取计时工资加奖励的办法，根据劳动者劳动成果的数量和质量加发不同数额的奖金。

2. 计件工资

计件工资是按劳动者所生产合格产品的数量和事先规定的计件单价来支付劳动报酬的工资形式。由于计件工资制将劳动者的工资收入与劳动成果紧密联系起来，因此，它能很好地体现按劳分配的原则，同时由于产量与工资直接相联，所以能促进工人经常改进工作方法，提高技术水平，充分利用工时，提高劳动生产率。

实行计件工资必须具备的条件是：施工任务比较稳定，施工质量明确，要保证材料及时供应，要有严格的质量检验和验收制度等，防止出现片面追求产品数量，而忽视产品质量的情况发生。

3. 奖金

奖金是对职工超额劳动的报酬，是劳动者提供了超额劳动、增加了社会财富所给予的奖励，称为生产性奖金或工资性奖金，生产性奖金一般有两种。

（1）综合奖。综合奖的得奖条件是全面完成工程的各项经济技术指标。

（2）单项奖。单项奖是为突出重点或加强薄弱环节，针对施工中某些特定目标而设置的奖金，当考核达到了某项指标时，就可获奖。如超产奖、节约奖、安全奖等。

实施过程中应明确规定考核计奖的各项经济技术指标，要有严格的考核制度和健全的原始记录。

4. 津贴

津贴是对职工在特殊劳动条件和工作环境下的特殊劳动消耗，以及在特殊条件下额外生活费用的支出给予合理补偿的一种工资形式。如：补偿劳动消耗的夜班津贴；有关职工健康的高空、粉尘保健津贴；从事高温作业的防暑降温津贴等。

（五）劳动力激励机制

所谓激励，就是激发和鼓励的意思。激发是对人的动机而言，鼓励是指对人的行为趋向加以控制。所谓激励机制，就是说在人力资源管理中，采用激励的理论和方法，对员工的各种需要予以不同程度的满足或限制，以此引起他们心理状况的变化，达到激发动机、引起行为的目的。

心理学家在对员工的激励研究中发现，在缺乏激励的一般岗位上，员工仅能发挥其实际工作能力的 20%～30%，刚刚能保住饭碗即止。而受到充分激励的员工，其潜力能发挥到 80%～90%。这就是说，激励有着极大的作用。

1. 激励的原则

（1）目标结合原则。首先要明确施工目标，使工匠了解他们要做的是什么、与个人的目前利益及长远利益有什么关系。只有将组织目标与个人目标结合好，使组织目标包含较多的个人目标，使个人目标的实现离不开为实现组织目标所做的努力，这样才能收到良好的激励效果。

（2）激励要因人制宜。每个人的需求都会有差别，因此，激励手段的选择与应用要因人而异。承包人应定期进行员工的需求调查，分析不同年龄、性别、职务、受教育程度的员工各自的需求，只有满足最迫切需要的激励措施，其激励作用才能得到最大的显现。

（3）掌握好激励的时间和力度。激励要掌握好时机，在不同时间，其作用与效果是不一样的。超前的激励，可能导致人们对激励的漠视心理，影响激励的功效，迟到的激励则可能让人感到多此一举，使激励失去意义。激励要以员工的业绩为依据，论功行赏，激励作用的大小很大程度上不是取决于激励面的大小或赏金的绝对值，而是取决于奖励同贡献的相关程度。过度奖励与过度惩罚都会产生不良后果。

（4）激励要遵循公平、公正的原则。公正是激励的一个基本原则，如果不公正，奖不当奖，罚不当罚，不仅收不到预期的效果，反而会带来消极后果。但是公平不是搞平均主义，而是制度面前全体工匠一律平等，当奖者奖，决不吝惜，当罚者罚，决不姑息。

2. 激励的方式

（1）物质激励与精神激励。从激励内容上进行划分，有物质激励和精神激励两种方式，两者的最终目的是一致的，但作用对象是不同的。前者作用于人们的生理方面，是对人们物质需要的满足，后者作用于人们的心理方面，是对人们精神需要的满足。精神激励有时比物质激励更富有激励成效。

（2）正激励与负激励。从激励的性质上进行划分，激励可分为正激励和负激励两种。所谓正激励，就是当一个人的行为表现符合企业及社会的需要时，通过奖赏的方式来强化这种行为，以达到调动工作积极性的目的。所谓负激励，就是当一个人的行为不符合企业及社会的需要时，通过惩罚等方式来抑制这种行为，从反方向来实施激励。

（3）内激励与外激励。从激励的形式上进行划分，激励有内激励和外激励两种形式。

所谓内激励，就是通过启发诱导的方式，激发人的主动精神，使他们的工作热情建立在高度自觉性的基础上，充分发挥出内在的潜力。所谓外激励，就是运用环境条件来制约人们的动机，以此来强化或削弱某种行为，进而提高工作意愿。

3. 激励技巧

要使激励充分发挥它的作用，除要遵循激励原则，适当运用激励方式外，还应具有一定的激励技巧。针对不同情况应采用不同的技巧，使激励机制灵活有效地运用，始终发挥积极作用。施工过程中的激励技巧有以下几种：

（1）对低收入人群，奖金的作用就十分重要，而对于从事危险、环境恶劣的体力劳动的员工，做好劳动保护，改善劳动条件，是有效的激励手段。

（2）适当拉开实际奖励的档次，使奖励差与贡献差相匹配，让工人感到公平、公正，使先进者有动力，后进者有压力。

（3）制定奖励目标时，要坚持"跳起来摘桃子"的标准，既不可太高，又不可过低，过高则使期望概率过低，目标过低则使目标效价下降。

（4）对于一个长期目标，可用目标分解的方法，将其分解为一系列阶段目标，一旦达到阶段目标，就及时给予奖励，即采用大目标与小目标相结合的方法。

第四节　施工纠纷调解

（一）施工纠纷处理方式

1. 施工纠纷种类及责任约定

（1）发包人责任

1）发包人无合理理由却不按时支付工程进度款。发包人未按合同约定期限和数额支付合同价款的，应约定按日计算向承包人支付逾期应付款一定比例的违约金（一般可约定万分之××），逾期超过一定时限的，承包人可以解除合同（具体时间由双方协商确定）。

2）发包人提供的建筑材料、建筑构（配）件和设备的规格、数量或质量不符合合同约定，导致承包人返工、修复或者给承包人造成其他损失的，发包人承担相应损失。

3）发包人违反合同约定造成停工的，应向承包人支付违约金（具体金额标准由双方协商确定）。

4）发包人无合理理由而不支付工程竣工结算价款。

5）发包人不履行合同义务或不按合同约定履行义务的其他情况。

6）发包人承担违约责任，赔偿因其违约给承包人造成的经济损失，适当顺延工期。

（2）承包人责任

1）承包人违反合同约定，采购和使用不合格的建筑材料、建筑构（配）件和设备，给发包人造成损失的，承包人承担相应损失。

2）承包人施工质量不符合合同约定或国家、行业、地方规定的质量标准的，承包人承担相应损失。

3）承包人未按合同约定期限或发包人同意顺延的工期完成施工，造成工期延误的，应向发包人支付违约金（具体金额标准由双方协商确定），工期延误超一定期限的，发包人可以解除合同（具体时间由双方协商确定）。

4）承包人未按照合同约定履行保修义务或者其他义务的，承担因此造成的发包人实际损失。

2. 施工争议解决方式

因合同及合同有关事项发生的争议，双方可以通过协商、调解解决，如果发包人与承包人之间因合同、其他约定或有关事项对工程的实施产生争议或分歧，承包人与发包人应尽最大的努力通过协商达成一致。如果达不成一致，可以要求有关主管部门调解。当事人不愿和解、调解或者和解、调解不成的，任何一方可以向仲裁委员会申请仲裁，或向承包人所在地人民法院提起诉讼。发生争议后，除非出现下列情况，双方都应继续履行合同，保持施工连续，保护好已完工程：

（1）单方违约导致合同确已无法履行，双方协议停止施工。

（2）调解要求停止施工，且为双方接受。

（3）法院要求停止施工。

发包人对承包人的任何违约金和违约金的扣除等并不意味着发包人方可以不履行完成工程的责任，也不免除承包人履行合同应承担的任何义务和责任。

避免及解决施工纠纷可以采用如下原则：建房要签合同，质量要有约定，账目要有收据，变更要有补充，维权要有证据。

（二）施工纠纷处理案例

1. 大姚法院庭前调解七起农村建房施工纠纷（中国法院网讯 2019-11-26）

近日，云南省大姚县人民法院庭前调解了七起农村建房施工纠纷案件，七个被告庭前履行了拖欠的建房款 12 万元。

大姚县某乡镇村委会某发包人小组因地质灾害需搬迁，国家给予了相应建房补助金及拆旧奖励资金。2017 年 8 月，代某飞与该村 24 户发包人签订了《建筑安装工程承包合同》。2018 年 5 月，代某飞所建房屋全部验收合格并交付发包人使用。交付房屋时，代某飞与未付工程款发包人签订了《还款计划书》，并约定了分期付款时间。

但付款期限到期后，部分欠款发包人未按约定时间支付建房款。代某飞多次索要无果，遂将李某生等七户发包人诉至大姚法院。

经承办法官了解，未付建房款发包人对代某飞所建房屋的质量、工程价款、还款计划均无异议，但以无钱为理由拖延支付。于是，承办法官从重点"钉子户"李某生开始逐个击破。

经法官庭前多次做工作，李某生不想出钱只想等政府出资付款的侥幸心理不攻自破，当场表示愿意先支付 3 万元，剩余 2 万元在 2020 年 12 月 30 日前履行完毕。接下来的两天，承办法官也用相同的方法让其他六户发包人与代某飞的纠纷在庭前顺利得到调解。三天内，七位欠款的发包人共向代某飞支付工程欠款 12 万元，剩余 14.5 万余元，分别明确了履行期限。

针对事实清楚、权利义务关系明确的民事案件，大姚法院始终坚持调解优先原则，创新调解方式，优化庭前调解程序，努力做到简案快办。七起案件的顺利调解，有效减轻了当事人诉累，提高了办案效率，节约了更多的司法资源，维护了社会和谐稳定，实现了法律效果和社会效果的有机统一。

2. 保山两级法院合力调解一起农村建房施工纠纷（澎湃政务：保山中院 2022-11-15）

近日，保山市中级人民法院民二庭与昌宁县人民法院勐统法庭联合调解，成功化解一起农村建房施工合同纠纷。

蒋某与陈某原本是关系要好的朋友，蒋某专门在乡村为别人建房，俗称包工头，陈某在集镇做建材买卖，两人在生意上多有往来。2018 年，陈某准备在自家宅基地另立新房，与蒋某一拍即合，达成建房合意，施工方式为包工不包料，但双方未签订书面合同，结算主要通过微信支付进行。2020 年，房屋建成后，双方就面积、单价、质量等问题引发纠纷，经当地调解委员会多次调解未果，后蒋某诉至法院，要求陈某支付剩余施工费 14 万元余元及逾期付款利息。昌宁县人民法院判决由陈某向蒋某支付剩余建房施工费。陈某不服一审判决，提起上诉。

在二审庭审中，陈某坚称蒋某施工修建的房屋存在质量问题，要求蒋某修复房屋或扣除修复费用后，才愿意付款，如若不行，将另行起诉房屋质量问题，案件一时陷入僵局。休庭后，承办法官考虑到本案涉及房屋质量问题，如果直接判决，有可能导致当事人就房屋质量问题另行提起诉讼，遂决定进行现场调查和走访，希望通过调解方式实质性解决矛盾纠纷。

现场调查过程中，承办法官就房屋内渗水、发霉、管道漏水等痕迹向当事人询问情况，并充分听取双方的意见建议，为调解工作夯实事实基础。现场调查完毕后，承办法官趁热打铁，就地开展现场调解，对本案的焦点进行归纳，对施工费和维修费用进行计算，引导上诉人陈某调整心态，冷静对待；另一边则以情说理、以案说法，用最直白的语言把法律关系剖析给被上诉人蒋某听。最终通过一二审承办法官的共同努力，双方达成调解协议。至此，该农村建房施工合同纠纷得以彻底解决，陈某和蒋某也握手言和。

附　　录

附表 1-1　良好信用信息奖项记分表

序号	信用代码	良好信用行为内容	签发日期	表彰单位	信息来源（文件号）	分值	生效日期	截止日期	备注

附表 1-2　不良信用信息记分表

序号	登记日期	工匠队长姓名	行为代码	不良信用行为内容	扣分分值	执法文书号		处罚主题	生效日期	截止日期	备注
						文件及文号	处罚文书				

附表 1-3　乡镇建设工匠良好信用信息计分标准

信用代码	良好信息内容	记分标准
LHXY-1	住房和城乡建设部、省政府表彰	+10分
LHXY-2	省住房和城乡建设行政主管部门、市政府表彰	+5分
LHXY-3	市住房和城乡建设行政主管部门、县(区)政府表彰	+3分
LHXY-4	县(区)住房和城乡建设行政主管部门、乡镇政府表彰	+1.5分
LHXY-5	县(区)乡镇建筑工匠协会表彰	+0.5分
LHXY-6	推荐全省经验介绍的工程观摩活动的	+5分
LHXY-7	推荐全市经验介绍的工程观摩活动的	+3分
LHXY-8	推荐全县(市)工程观摩活动的	+2分
LHXY-9	承揽的工程经验收有一项获得抗震新农居补贴的	+1分
LHXY-10	获得市级乡镇建筑工匠技能大赛一等奖	+2分
LHXY-11	获得市级乡镇建筑工匠技能大赛二、三等奖	+1分
LHXY-12	承揽农房工程每达到5项	+1分

附表 1-4　乡镇建设工匠不良信用信息计分标准

行为代码	不良信用信息内容	记分依据	严重程度	不良行为情节	记分标准
D1	未按规定与建房户签订建房协议的		一般	有1项	−0.1分
			较重	有5项及以上	−0.5分
			严重	有10项及以上	−1分
D2	协议未在乡村规划建设监督管理机构备案的		一般	有1项	−0.1分
			较重	有5项及以上	−0.5分
			严重	有10项及以上	−1分
D3	所管理的工匠未取得乡镇建筑工匠继续教育证书的		一般	有1人	−0.1分
			较重	有5人及以上	−0.5分
			严重	有10人及以上	−1分
D4	所管理的工匠不按规定参加各级组织的技能培训的		一般	有1人	−0.1分
			较重	有5人及以上	−0.5分
			严重	有10人及以上	−1分
D5	未按照设计图纸和有关技术规定施工的		一般	有以上行为的	−0.2分
			较重	责令限期改正且不改的	−0.5分
D6	施工现场未佩戴安全帽			有以上行为的	每发现一人−0.2分
D7	施工现场二层以上未搭设脚手架		一般	有以上行为的	−0.5分
			较重	责令改正且逾期未改的	−1分
D8	施工现场二层以上未使用安全保护网		一般	由以上行为的	−0.5分
			较重	责令改正且逾期未改的	−1分

行为代码	不良信用 信息内容	记分依据	严重程度	不良行为情节	记分标准
D9	施工现场未使用配电箱的		一般	有以上行为的	−0.5 分
			较重	责令改正且逾期未改的	−1 分
D10	使用不符合建设工程质量要求的 建筑材料和建筑构件的		一般	有以上行为的	−0.5 分
			较重	责令改正且逾期未改的	−1 分
D11	使用不合格的起重机械设备的		一般	有以上行为的	−0.5 分
			较重	责令改正且逾期未改的	−1 分
D12	拒不接受所属公司、协会安全指导的			有以上行为的	−1 分
D13	不接受县区主管部门和乡村规划 监督管理机构监督管理的			有以上行为的	−1 分
D14	所管理的工匠未购买人身 意外伤害保险的		一般	发现 1 人的	−0.5 分
			较重	有 3 人含 3 人以上	−1 分
			严重	有 5 人含 5 人以上	−3 分
D15	工匠队长和所管理的工匠 入网信息不完善的		一般	发现 1 人的	−0.2 分
			较重	有 5 人及以上的	−0.5 分
			严重	有 10 人及以上的	−1 分